保育のための やさしい教育心理学

第2版

髙村和代・安藤史高・小平英志 著
Takamura Kazuyo, Ando Fumitaka, & Kodaira Hideshi

ナカニシヤ出版

まえがき

　本書は, 幼稚園教諭免許および保育士資格の取得をめざす学生や保育者を対象にした「教育心理学」のテキストとして作成されました。

　教育とは, 広義には人を望ましい方向へ変容させようとして, 意図的・計画的に働きかけることです。そして教育心理学とは, 依田 (1977) の『新・教育心理学事典』によれば「教育に関連する諸事象について心理学的に研究し, 教育の効果を高めるのに役立つような心理的知見と心理的技術とを提供しようとする学問」とされています。しかし, 教育というと, どうしても小学校・中学校・高等学校といった学校教育を想像されることが多いでしょう。実際, 多くの教育心理学のテキストは, 児童・生徒を対象にした学校教育に関する内容を中心に作成されたものがほとんどです。しかし, 先に述べた「教育」の定義を考えると, 学校現場に限らず就学前の乳幼児期の子どもとかかわる保育現場でも, 教育心理学は生かされることになります。教育ということばが, 学習や勉強の意味が強い印象であるならば, 「教育」を「保育」と置き換えて考えていただいてもよいでしょう。

　子どもは次世代を担う大きな役割をもっています。そのような子どもに, よりよい環境を確保し, より健全に発達を援助することは, 我々大人の責任です。そのためにも, 子どもの発達を理解し, 保育現場で教育・保育の効果を高めるために, 教育心理学の知識を身につけることは, 必要不可欠です。そして幼稚園教諭免許及び保育士資格を取得するためには, 多くの養成校で「教育心理学」を必修としたカリキュラムが組まれています。このことからも乳幼児期の子どもを対象にした教育心理学の知見の必要性も求められていることは自明です。児童期以降の学校現場と乳幼児期の保育現場では, 対象とする子どもの発達の違いや求められる目標の違いなどから, 心理的知見から導き出され用いられる技術は異なってきます。そのため, 保育の目的や保育現場の特質に即した内容を網羅したテキストが必要であり, 小学校以降の学校教育に焦点を当てた教育心理学のテキストを用いて保育現場に焦点を当てた教育心理学を学ぶのは適切ではないと考えます。そのような経緯から, 『保育のためのやさしい教育心理学』の出版に至りました。

　本書では, できる限り乳幼児の子どもに焦点を当て, 保育現場で起こりそうな問題や保育現場でよく見られる子どもの様子を例示し, 現場に即した内容で心理学的知見を紹介していくよう工夫しました。さらに親への支援や小学校との連携など, 現在保育現場で大きな関心となっている内容も取り上げられており, 時代に即した保育者のための教育心理学のテキストであると考えます。

　我々は幼稚園教諭や保育士をめざす学生の教書としてだけではなく, 教育実習や保育実習など実践や, すでに現場で働かれている保育者の方々など, 幅広く活用していただけることを期待しています。そして本書が, これからの次世代を担う子どもによりよい保育環境をつくるための一助になればと願っています。

　末筆になりましたが, 本書の出版にあたりナカニシヤ出版の宍倉由高, 山本あかね両氏には多大なお力添えをいただきました。ここに厚く御礼申し上げます。

2009 年 3 月　髙村和代・安藤史高・小平英志

第 2 版にあたって

『保育のためのやさしい教育心理学』の初版が発行されたのが 2009 年。あれから，早いもので 15 年が経過しました。その間，2018 年 4 月に「幼稚園教育要領」，「保育所保育指針」および「幼保連携型認定こども園教育・保育要領」の改訂が同時に行われました。そして 3 法令共通に，幼児期の終わりまでに育みたい資質・能力として，①知識および技能の基礎，②思考力・判断力・表現力等の基礎，③学びに向かう人間性等の 3 つの柱が明確化されました。この 3 つの柱は，幼児期の遊びを通して，総合的な指導のなかで育まれるものとされています。そして幼児期が終わるまでに育って欲しい視点として「10 の姿（①健康な心と体②自立心③協同性④道徳性・規範意識の芽生え⑤社会生活との関わり⑥思考力の芽生え⑦自然との関わり・生命尊重⑧数や図形，文字等への関心・感覚⑨言葉による伝え合い⑩豊かな感性と表現）」が挙げられました。このような資質・能力を育むためには，乳幼児期の発達の理解や乳幼児に対する教育心理学の知識の重要性がより一層増したのではないかと考えます。本書は初版時より，保育の目的や保育現場の特質に即した内容を網羅した教育心理学のテキストを作成したいということで発行に至りました。児童期・青年期の学校教育に焦点を当てた「教育心理学」のテキストが多いなか，2018 年の 3 法令の改定により，保育に特化した心理学のテキストの必要性がより強まったのではないでしょうか。

第 2 版では，障がいのある幼児への理解や配慮が必要な幼児への指導について，新しい知見を入れながら具体的な方法についての解説を加えました。また，改訂された幼稚園教育要領では「幼児期は直接的な体験が重要であることを踏まえ，視聴覚教材やコンピュータなど情報機器を活用する際には，幼稚園生活では得難い体験を補完するなど，幼児の体験との関連を考慮すること」と，ICT に関わる事項が留意事項として加えられました。加えて 2020 年に発生した新型コロナウィルス感染拡大に伴い保育現場や学校現場において対面での保育・教育が困難となりオンラインでの対応など ICT の活用が急速に進みました。このような時代の流れにより，第 2 版では ICT に関わる内容を近年に即した内容にアップデートいたしました。

本書は初版より，できる限り乳幼児の子どもに焦点を当て，保育現場で起こりそうな問題や保育現場でよく見られる子ども様子を例示し，現場に即した内容で心理学的知見を紹介していくよう工夫されています。そして，親への支援や小学校との連携など，保育現場で大きな関心となっている内容も取り上げられており，現在の保育者養成に不可欠な内容を網羅した教育心理学のテキストであると考えます。また，保育士試験科目である「保育の心理学」にも対応したテキストとしても活用していただけると考えております。

末筆になりましたが，本書の出版にあたりナカニシヤ出版の宍倉由高，山本あかね両氏には多大なお力添えをいただきました。ここに厚く御礼申し上げます。

2024 年 4 月　髙村和代・安藤史高・小平英志

目　　次

1 子どもの育ち（発達）

時間	環境構成	子どもの活動	保育者の援助・留意点	実習生の動き・気づき
10:30		○マーカーペンを使ったお絵かき ・どれがマーカーペンかわからない。 ・ロッカーへマーカーペンを取りに行く。 ・保育者の質問に対して，色を答えたり本数を数えて保育者に伝える。	・初めて使うマーカーペンについて，子どもが見てすぐわかるように説明をする。 ・ロッカーに置いてあるマーカーペンを取りに行くように促す。 ・全員の机の上にマーカーペンがあることを確認し，箱のふたを開けるよう促す。 ・「何色がありますか?」「何本ありますか?」と問いかけをする。	子どもが『わかるように』とはどういうことか ・「とれない」という子を手伝ったり，取りに行っていない子に声をかけたりする。

『色』や『本数』はいつ頃理解できるか

子どもは年齢によって，できることやわかることが違います。保育では，子どものそれぞれの年齢にあった保育が必要とされます。そのためには，子どもがどのように成長していくのかという「発達」の理解が必要となります。本章では，特に乳幼児期の子どもの「発達」について説明します。

1.　発達とは

　人の「発達」ということばは，辞書的な意味としては，「からだ・精神などが成長して，より完全な形態や機能をもつようになること」とされています。ここで表現される「より完全な形態や機能」とは，どのような意味なのでしょうか。

　身長や体重が増加するといった量的な変化を指す場合もあれば，知識が増えるとかよく考えて判断できるようになったといった質的な変化を指す場合もあります。このように人の発達というのは，さまざまな側面が成長し変化していくことを示しています。

　また，「発達」ということばは，「進歩，発展」といった上向きの意味をイメージされることが多いでしょう。しかし，人が成長するということは，必ずしも上向きばかりを意味するわけではありません。老化による体力の衰えというのは，成長に伴い生じる現象ですが，決して上向きのイメージを与えるものではありません。心理学において「発達」ということばを用いる場合，「人の時間の経過に伴う変化」を意味します。変化を意味するため，決して上向きの変化のみを扱うわけではありません。また個々で扱われる発達は，人の時間経過に伴う量的および質的な変化であり，その変化はさまざまな観点において説明されています。やまだ（1995）は，いくつかの観点による発達を図 1-1 のように示しています。

2.　発達段階と発達課題

(1)　発達段階

　発達心理学では，その発達過程を，一定の時期で区切り，それぞれの時期の発達特徴を理解していきます。このように，発達過程を一定の時期で区分されたものを発達段階といいます。発達過程の区分の仕方は，説明される発達の内容によって異なりますが，発達段階に区分し，各発達段階における発達特徴を示していくことで，人間の全体的な発達がとらえやすくなります。

(2)　発達課題

　人は各発達段階において，達成されなければならない課題があります。そのような課題を，発達課題といいます。発達課題は人間の発達において最低限達成されなければならない，基本的な課題であり，もしその課題が達成されない場合，次の段階への移行が困難になります。

　代表的な発達課題に，ハヴィガースト（Havighurst, 1953）のものが

あります（表1-1）。しかしハヴィガーストの提示した発達課題は，20世紀半ばのアメリカの中産階級の生活様式をもとにしたものであり，現代の日本の社会・文化において必ずしも適用できるものではありません。

モデル名	イメージ	価値	モデルの特徴	発達のゴール	重要な次元	おもな理論家
A 成長	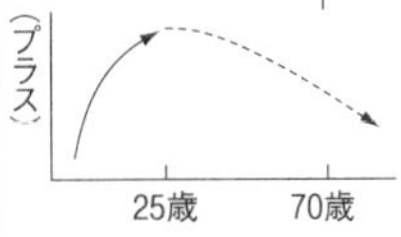 （プラス）　25歳　70歳（年齢）	考える	子どもからおとなになるまでの獲得，成長を考える。成人発達の可塑性を考えない。	おとな均衡化獲得	身体知能行動	ピアジェフロイトウェルナーワロン
B 熟達	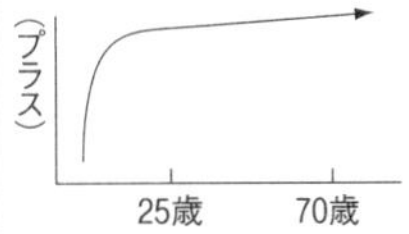 （プラス）　25歳　70歳	考える	以前の機能が基礎になり，生涯通して発達しつづける安定性と一貫性を重視する。	熟達安定	有能さ力内的作業モデル	バルテスボウルビィ
C 成熟	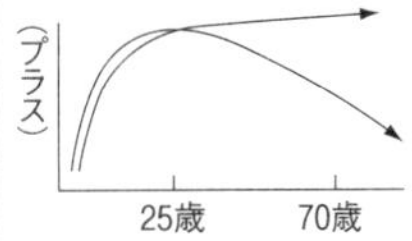 （プラス）　25歳　70歳	考える	複数の機能を同時に考える。ある機能を喪失し，別の機能が成熟すると考える。	成熟知恵統合	有能さ徳	バルテスエリクソンレヴィンソン
D 両行	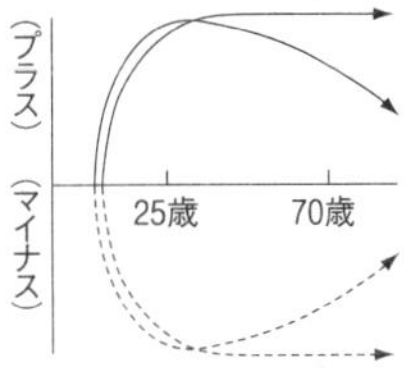 （プラス）（マイナス）　25歳　70歳	考える	複数の機能を同時に考える。ある観点からみるとプラスであり別の観点からみると，マイナスとみなす。	特定できない（個性化）（両性具有）	両価値変化プロセス意味	（ユング）
E 過程	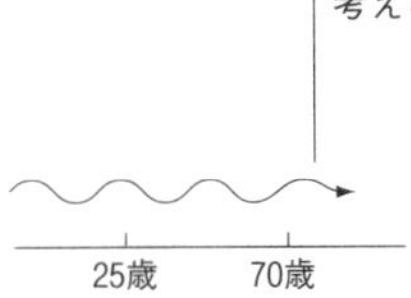 25歳　70歳	考えない	人生行路（コース）や役割や経歴（キャリア）の年齢や出来事による変化過程を考える。	考えない	エイジング社会的役割人生イベント	ハヴィガーストエルター
F 円満	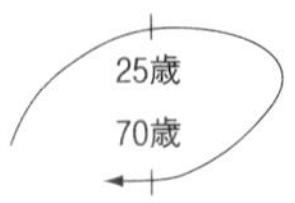 25歳 70歳	考えない	回帰や折り返しを考える。もとへもどる，帰還による完成。	「無」にもどる完成	意味回帰	

図 1-1　生涯発達の 6 つのモデル（やまだ，1995）

表1-1　ハヴィガーストの発達課題 (Havighurst, 1953)

幼児期		壮年初期	
	1. 歩行の学習		1. 配偶者を選ぶこと
	2. 固形食物をとることの学習		2. 配偶者との生活を学ぶこと
	3. 話すことの学習		3. 第1子を家族に加えること
	4. 排泄のしかたを学ぶこと		4. 子どもを育てること
	5. 性の相違を知り，性に対する慎みを学ぶこと		5. 家庭を管理すること
	6. 生理的安定を得ること		6. 職業に就くこと
	7. 社会や事物についての単純な概念を形成すること		7. 市民的責任を負うこと
	8. 両親，兄弟姉妹や他人と情緒的に結びつくこと		8. 適した社会集団を見つけること
	9. 善悪を区別することの学習と良心を発達させること		
児童期		中年期	
	1. 普通の遊戯に必要な身体的技能の学習		1. おとなとしての市民的・社会的責任を達成すること
	2. 身体を大切にし有益に用いることの学習		2. 一定の経済的生活水準を築き，それを維持すること
	3. 友だちと仲よくすること		3. 10代の子どもたちが信頼できる幸福なおとなになれるよう助けること
	4. 男子として，また女子としての社会的役割を学ぶこと		4. おとなの余暇活動を充実すること
	5. 読み，書き，計算の基礎的能力を発達させること		5. 自分と配偶者とが人間として結びつくこと
	6. 日常生活に必要な概念を発達させること		6. 中年期の生理的変化を受け入れ，それに適応すること
	7. 良心・道徳性・価値判断の尺度を発達させること		7. 年老いた両親に適応すること
	8. 両親や他人の支配から離れて人格の独立性を達成すること		
	9. 社会の諸機関や諸集団に対する社会的態度を発達させること		
青年期		老年期	
	1. 同年齢の男女との洗練された新しい交際を学ぶこと		1. 肉体的な力と健康の衰退に適応すること
	2. 男性として，また女性としての社会的役割を学ぶこと		2. 引退と収入の減少に適応すること
	3. 自分の身体の構造を理解し，身体を有効に使うこと		3. 配偶者の死に適応すること
	4. 両親や他のおとなから積極的に独立すること		4. 自分の年ごろの人々と明るい親密な関係を結ぶこと
	5. 経済的な独立について自信をもつこと		5. 社会的・市民的義務を引き受けること
	6. 職業を選択し，準備すること		6. 肉体的な生活を満足に送れるように準備すること
	7. 結婚と家庭生活の準備をすること		
	8. 市民として必要な知識と態度を発達させること		
	9. 社会的に責任のある行動を求め，そしてそれをなし遂げること		
	10. 行動の指針としての価値や倫理の体系を学ぶこと		

3. 乳児期の発達

(1) 運動発達

2) 運動発達の方向

①頭部から尾部へ

　運動発達では，まず頭を左右に動かす，胸を動かす，握る，座る，立つ，歩行といったように，頭部の運動発達がもっとも早く，足の運動がもっとも遅く発達していきます（図1-2）。

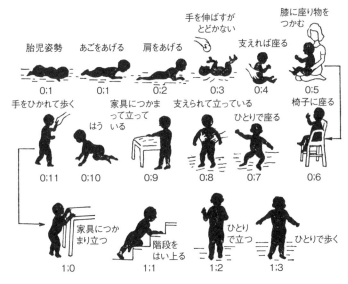

図1-2　運動発達の順序 (Shirley, 1933)

②中心部から末梢部へ

人間の発達は体の中心部の方が末梢部よりも早く発達します。ですから，手で物をつかむとか二足歩行といった手足の運動ほど，発達にかかる時間が長くなります。

③粗大運動から微細運動へ

図 1-3 のように，つかむという運動は，初めは未分化で粗い動きしかできなかったものが，次第に細かく滑らかに正確に動かすことができるようになります。このように，運動は粗大な動きから，しだいに微細な動きが可能になっていきます。

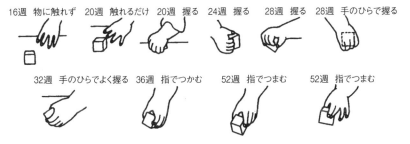

図1-3　つかみ方の発達 (Halverson, 1932)

3) 反　射　　生後間もない新生児は，意識的に自分の体を動かすことはできません。しかし，外からの刺激に対して意識とは無関係な運動が多く見られます。このような新生児期に見られる意識とは無関係に起こる運動を，原始反射といいます。原始反射は，生後 4, 5ヶ月から 1 歳頃までには消失してしまいます。

代表的な反射に，次のようなものがあります。

　　　モロー反射：突然頭部の支えを放すと，空を抱え込むような反応を
　　　　　　　　する。
　　　バビンスキー反射：足の裏に刺激を与えると，足指を広げて反らす
　　　　　　　　ような反応をする。
　　　吸 啜<ruby>反射<rt>きゅうてつ</rt></ruby>：口に何かが触れると，吸う反応をする。
　　　把握反射：手のひらに刺激を与えると，握る反応をする。
　　　歩行反射：体を支えて立たせるような姿勢をつくると，足を交互に
　　　　　　　　出して歩くような反応をする。

　3）生理的微笑から社会的微笑へ　　生後間もない子どもでも，笑っ
たような表情をすることがあります。しかしこの表情は，意識的に行わ
れているものではなく，筋肉の弛緩により生じるものです。このような
微笑を生理的微笑（新生児微笑）といいます。この微笑は，意識的に笑
いかけているわけではないのですが，その表情の愛らしさが，親などの
養育者の養育行動を促進させていきます。生後3ヶ月頃になると，大人
の働きかけに対して，自発的に笑いかけるようになります。これを社会
的微笑といいます。

（2）愛着の発達

　生後4，5ヶ月頃になってくると，特定の養育者に対して，他の人と
は異なる特別な反応を示すようになります。これは，養育者と子どもと
の間に情緒的な結びつきができたことを示しています。このような情緒
的結びつきのことを，愛着といいます。

　ボウルビィ（Bowlby, 1969）は，愛着を4段階に分けて説明しています。

表1-2　ボウルビィの愛着の発達

第1段階：人物弁別を伴わない定位と発信（誕生から8週～12週） 　周囲の人に対し，笑いかける，目で追う，声を出す，手を伸ばすなどの働きかけをする。しかし，特定の人に向けられるものではなく，誰に対しても同様の反応をする。
第2段階：ひとり（または数人）の人物に対する定位と発信（12週～6ヶ月） 　笑いかける，声を出すなどの反応が，養育者（多くは母親）など特定の人物に対して，強く見られるようになる。
第3段階：発信ならびに移動による弁別された人物への接近の維持（6ヶ月～2, 3歳） 　はいはいや歩行など，移動が可能になる。養育者など，特定の人に対して，後追いをするようになる。愛着対象者が見えなくなると，不安を感じ泣き出す。見知らぬ人に対して強い警戒を示す「人見知り」が始まる。
第4段階：目標修正的協調関係の形成（3歳頃～） 　たとえ愛着対象が離れていても，精神的な結びつきを維持することができるため，安心していられるようになる。愛着対象を「安全の基地」とし，探索行動を行うようになる。相手の目的・目標（例：学生時代の友だちと会いに出かける）を理解することができるようになり，自分の目的・目標（例：ついて行きたい）との間で調整し，「留守番しているからおみやげ買ってきて」「おりこうにしているから連れて行って」などと協調的提案ができるようになる。

（3）認知発達

1）ピアジェの認知発達の基礎的理解　　認知とは，物事を知覚し判

断したり解釈したりする思考過程を意味します。ピアジェ（Piaget, J.）は認知発達を，以下の4段階に分けて説明しています。

> ①感覚運動期（誕生〜2歳頃）
> ②前操作期（2歳〜6歳頃）
> ③具体的操作期（6歳〜12歳頃）
> ④形式的操作期（12歳〜）

　ピアジェの基本的な考えは，人は同化と調節をくり返すことにより，種々の構造を適応的に変化させていくということにあります。新しい環境が与えられると，人はまず今までの方法（シェマ）をその環境に適用させようとします（同化）。しかし，今までの方法（シェマ）が適用できないとなると，新しい方法（シェマ）を試し，用いるようになります（調節）。すなわち，人がもっている概念や動きなどの構造のことをシェマ（図式）といいます。また，同化とは外界をすでにつくられたシェマに取り入れようとすることであり，調節とは外界の状況に応じてシェマを調整させることを意味します。

2）感覚運動期の特徴　　乳児期は，感覚運動期の時期にあたります。感覚運動期とは，感覚から得られた情報と自らの運動で外界に働きかけることによって，知識を得て物事を理解していく時期を意味します。ピアジェ（1970）はこの感覚運動期をさらに表1-3のように6段階に分けて説明しています。

表1-3　感覚運動的知能の発達（ピアジェ,1970）

発達段階		時期	同化シェマの発達	事例
I	反射の練習	誕生したときから	将来的に有用となる生得的シェマの，練習による安定化	吸啜反射，乳首のまさぐり行動
II	最初の習慣	1ヶ月頃から	獲得性の適応の始まり：安定した条件づけ，第1次循環反応など	授乳するいつもの抱き方で抱くと吸啜行動が起こる，追視，指しゃぶり，自分の手の運動を興味深く見る
III	見ることと把握との協応	4ヶ月半頃から	意図的適応の始まり：第2次循環反応，興味ある光景を持続させるための諸手続	興味ある現象を偶然見出すとその現象を繰り返し再現させようとする行動，魔術的因果性に基づく行動
IV	2次的シェマの協応	8〜9ヶ月頃から	本来の知能的適応の始まり（目的と手段の協応）：新しい事態への既知シェマの適用，新奇な対象・現象に対する探索行動	障害物を取り除いて，欲しいものを手に入れる，新奇なものに対していろいろな既知シェマを適用してものの特性を調べる行動
V	第3次循環反応と新しい手段の発見	11〜12ヶ月頃から	（表象を前提としない）感覚運動的知能の絶頂期：第3次循環反応によるシェマの分化，能動的実験による新しい手段の発見	新奇な現象を偶然見出すと現象生起の条件を換えてみて現象を探る行動，手の届かないところにあるものを手に入れる手段（棒や台）を試行錯誤で発見する
VI	心的結合による新しい手段の発見	18ヶ月頃から24ヶ月頃まで	表象的知能への移行期：シェマの内化（行為の停止と洞察による問題解決）と表象的シェマの始まり	手の届かないところにあるものを手に入れるために新しい手段（棒や台）を洞察で発見する

概念
　ものごとの包括的，概括的な意味のこと。ものごとの普遍化された共通認識。

循環反応
　ある行動によって何かしらの効果が得られると，その行動がくり返される反応のこと。

表象
　心に描く像，イメージ。

（4）ことばの発達

　ことばの使用は，人間にのみ許された能力です。ことばによって，知識や文化が伝達され，文明をもたらしました。また，ことばがあるからこそ，自分と他人との違いを理解し，考え悩み苦しむこともあります。このように我々の生活を大きく支配することばには，大別して「コミュニケーション機能」「思考機能」「行動調整機能」の3つの機能があります。

　以降，各機能に基づいてことばの発達を概観していきます。

　1）コミュニケーション機能　ことばを用いて自分の考えや感情を伝える機能です。

　ことばは，周囲の働きかけなくして獲得することはできません。周囲の大人たちはたとえ相手が理解できなくても，新生児に声かけを頻繁に行います。新生児は，大人が語りかけることばを音としてとらえ，その音に笑ったり手足を動かしたりして反応します。

　ことばを用いて自分の意思を伝えることのできない前言語期の乳児は，泣いたり身体をばたつかせたりすることで，コミュニケーションをとろうとします。2ヶ月頃になると，「アー」「アウー」といった，母音を中心にした発声をするようになります。このような初期の発声をクーイングといいます。さらに3ヶ月を過ぎる頃になると，「バーバー」「ナナナ」など，子音と母音を組み合わせた音を連続して発声する，喃語が出始めます。しかしこれらの音声は，何かを指し示すことばとしての機能をもっておらず，単なる音でしかありません。

　初語が出現するのは，生後1年前後です。ここで初めて，音声を用いて特定のものを指し示す，“ことば”を使うようになるのです。言語的コミュニケーションが可能になると，ことばを用い，自分の考えや感情を相手に伝え，他者の考えや感情を理解できるようになってきます。初語の出現以降，親など周囲の人たちとのコミュニケーションを通して，語彙を増加させていきます。初語の出現から1歳6ヶ月頃までは，一語で意思を伝えようとします。たとえば「あそこにごはんがある」「ごはんが食べたい」など伝達したい内容は異なっていても，食べ物を指さして「マンマ」と表現したりします。このような時期を一語発話期といいます。その後，二語発話（例：犬がえさを食べている状況を，「ワンワン，マンマ」と表現する），多語発話が可能になり，大人の文章構造と似たことばを使うことができるようになるのは，3歳以降になってからです。

　2）思考機能　人は何かを考える際，ほとんどの場合ことばを使用しています。このように言語を思考の道具として使用する機能です。ことばの発達は，認知発達と大きく関係しています。

　ことばは，指し示すものを誰もが共通に理解できるように符号化した

ものです。ことばにより意味するものが，伝え手と共通認識をもたなければ，ことばとして機能しません。つまり，表象的思考が可能になり概念が形成されなければ，ことばを適切に使用することは困難です。

コミュニケーション機能としてことばを使用するようになるのは，先に述べたように1歳以降とされています。しかし，認知発達における前操作期の象徴的思考段階（本章4-(1)参照）では誰もが共通に認識される概念が形成されておらず，意味することばが伝え手に適切に伝わらないことがよくあります。

幼児期までは，自分が考えていることを口に出して表現します。これを外言といいます。前操作期後半から具体的操作期に入ると，しだいに自分の考えを口に出すことなく，心の中でことばにして考えることができるようになります。これを内言化といいます。

3) 行動調整機能　ことばを用い，自分および他者の行動を調整する機能です。

ことばを理解するようになると，「本を取ってきて」ということばによって本を取りに行くことができるようになります。このように，まず他者からの教示による行動調整が可能になってきます。4歳頃になってくると，「本を取ってこよう」など，外言によって自分の行動を調整するようになってきます。5，6歳以降になってくると，しだいに自分の考えを口に出すことなく，内言により行動調整を行うことが可能になってきます。

4. 幼児期の発達

(1) 認知発達

2歳から3歳頃になると，前操作期とよばれる時期に入ります。この時期の大きな特徴として，自己中心性が挙げられます。自己中心性とは，自分と他者が異なった存在であるとしてものごとを考えることが困難であるため，自分の視点や体験を通してのみでしかものごとを理解することができず，他者の視点に立つことが困難であることを意味します。子どもはよく，物質を生き物に見立てて表現することがあります。このように，ものを生きたものとして考えようとすることを，アニミズムといいます。これは，自分の活動に事物を同化させることから生じるため，自己中心的思考に基づくものとして考えられます。さらに，夢や空想でつくり上げられたものをあたかも現実に存在していると考える実念論や，万物は人がつくったものであると考える人工論なども，アニミズムと同様に自己中心的思考に基づくものといえます。

自己中心性が特徴である前操作期は，象徴的（前概念的）思考段階（2歳～4歳頃）と直観的思考段階（4歳～6歳頃）に分けられます。

表象的思考
　ものごとをイメージで思い描く思考。

　象徴的（前概念的）思考段階では，イメージやシンボルをつくり上げてものごとを考えることが可能になってきます。しかし，この段階の子どもが頭に描くイメージやシンボルは，あくまでも個人によってつくり上げられるものであり，誰もが共通して理解できるものではありません。この時期は，共通の特徴をもつものを一つのグループにしてものごとをとらえることができません。たとえば自分が飼っている犬と隣の家で飼っている犬を，同じ犬という群としてとらえるのではなく，それぞれ一つずつ別のものとして考えます。そのため，それらはその子だけにしか理解できないようなものであることが多く，概念として共通認識できるものではありません。

　直観的思考段階には，しだいに概念化が進んできます。しかしこの段階は，一つのことがらが目につくと，その部分のみに注目し，他の面に目を向けようとしないという傾向が強いことが特徴です。多くの視点からものごとをとらえることができないため，筋道を立てて考えることは非常に困難です。したがって断言的であり，いくつかの証拠から事実を証明しようとすることはほとんどありません。そのため，このような直観的な思考が強い時期は，保存の概念（図1-4）や三ッ山問題（図1-5）を理解することは，とても困難です。

　三ッ山問題は，Aに座った子どもが，B，C，Dの位置に置かれた人形からどのように山が見えているかを尋ねられる問題です。自己中心性が強いこの時期の子どもにとって，見る位置が変わると見え方も変わるといった，空間の理解をすることは非常に難しい課題です。そのため，保育者が子どもと向き合って手遊びをしたりお遊戯をしたりするときは，鏡に映った像のように動くことが必要となります。たとえば「お箸を持つ手は右」ということを示す場合，子どもと対面の保育者は左手を挙げて説明するということになります。

	相等性の確定	変形操作	保存の判断
液量	容器の形や大きさの変化によっても，その中の液量は変わらない。		
	どちらも同じ入れものの中に色水が同じだけ入っていますね。	こちらの色水を別の入れものに全部移し替えます。	さあ，色水はどちらも同じだけ入っていますか。それともどちらかが多いかな。
数	集合内要素の配置の変化によっても，その集合の大きさは変わらない。		
	白色の石と黒色の石とでは，どちらも数が同じだけありますね。	いま，黒色の方を並べ替えてみます。	さあ，白石と黒石とでは，その数は同じですか。それともどちらかが多いかな。

図1-4　保存の概念（液量の保存，数の保存）　(野呂, 1983)

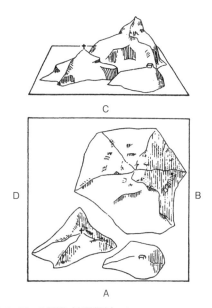

図1-5　三ッ山問題（空間保存）　(Piaget & Inhelder, 1948)

（2）遊びの発達

　幼児期の子どもは，生活の大部分を遊びに費やします。遊びを通して，
もののしくみを理解することができ，知識を増やすことができます。ま
た，試行錯誤を行いながら遊びを展開していくことで，思考の発達を促
進させることができます。さらに，大人や子どもと遊びを展開していく
ことにより，社会性を身につけることができます。このように，遊びは
子どもの発達にとって大きな役割を担っています。

　1）認知発達に伴う遊びの発達　　先に述べたように，前操作期に入
ると表象的思考が可能になってきます。それゆえ，ものを何かに見立て
て遊ぶ見立て遊びや，役割を決めてその役割を演じるごっこ遊びなどの，
象徴遊びが盛んに行われるようになります。しかし，自己中心性が強く
他者視点に立ってものごとをとらえることがまだ難しい時期であるた
め，いくつかの役割やルール性のある構造化された複雑な遊びは，前操
作期の終わり頃にならないと見られません。たとえば3歳児の家族ごっ
こを見てみると，一人がお母さん役を始めると，他の子どもも同じよう
にお母さん役を始めてしまうという光景をよく見ます。しかし5歳頃に
なってくると，お母さん役，お父さん役，子ども役，時にはペット役な
ども設定し，複雑に構造化された家族ごっこが展開されていくようにな
ります。このように象徴遊びでも，より複雑に構造化された遊びへと発
達していきます。具体的操作期に入ると，脱中心化（本章5－（1）参照）
が起こり，他者視点に立って考えることが可能になることから，ルール
性のある遊びも可能になってきます。

　2）社会性から見た遊びの発達　　遊びは，大人の働きかけにより形

成される遊びからしだいに同年代の友人との遊びへと広がっていきます。パーテン（Parten, 1932）は，幼児の集団遊びのうち仲間関係を通した遊びを6つに分類しています（表1-4）。

表1-4　パーテンの遊びの発達

①ぼんやりしている	遊びにかかわることなく，ぼんやりしている。
②傍観	他の子どもが遊んでいる姿を眺めている。
③ひとり遊び	他の子どもが近くにいても，お互いにかかわることなくそれぞれ違う遊びをしている。
④並行遊び	近くにいる他の子どもと同じ遊びをするが，お互いに交流をもたない。
⑤連合遊び	複数の子どもと交流をもちながら同じ遊びに興じているが，はっきりとしたルールや役割分担がない。
⑥協同遊び	遊びにはっきりとしたテーマが見られる。集団で遊んでいるがそれぞれに役割分担があり組織化された遊びが展開される。

(3) 道徳性の発達

ピアジェは，認知発達の理論に基づいて，道徳性の発達を説明しています。

1) 他律的判断から自律的判断へ　　前操作期の子どもは，直観的思考が強く，論理的にものごとを考えることが難しい段階です。そのため，自分で考えてものごとを判断していくことは困難です。したがって，幼児期の子どもは，親や保育者の示す判断を絶対的なものとしてとらえます。また，規則は変えることのできないものと考えています。たとえば，「道の端を歩きなさい」と親から言われると，車の往来や障害物の存在など状況によって歩く位置を柔軟に変えることが難しく，親の忠告に従いひたすら道の端を歩こうとしたりします。ピアジェは，このように親や保育者など他者の判断や決まりに従って判断することを他律的判断と名づけました。対して，自己の価値観に基づいて判断することを自律的判断といいます。他律的判断から自律的判断への移行が見られるのは，前操作期以降であり8歳前後とされています。

2) 結果論的判断から動機論的判断へ

> **例1　どちらが悪いでしょう**
> 　花子さんは，お母さんのお手伝いをしていて，お皿をたくさん割ってしまいました。
> 　太郎君は，遊んではいけませんと言われているのに台所で遊んでいて，お皿を1枚割ってしまいました。

上のような課題が出されたとき，花子さんと太郎君のどちらが悪いかを子どもに聞くと，幼児期の子どもはお皿をたくさん割った花子さんが悪いと答えます。このように，幼児期の子どもは意図や動機による動機論的判断よりも，行為の結果に基づく結果論的判断をする傾向がありま

す。前操作期の子どもは直観的思考が強く，動機論的判断よりも結果論的判断の方が，判断としては単純であり直観的であるため，結果論的判断をしてしまうのです。結果論的判断から動機論的判断へ移行していくのも，だいたい8歳前後です。

5. 児童期・青年期の発達

（1）認知発達

6歳を過ぎると，具体的操作期に入っていきます。この段階は自己中心性から脱却し，脱中心化が見られるようになります。そして前操作期の特徴である直観的思考が薄れてくるため，筋道を立てて考えるといった論理的な思考が可能になってきます。その結果，前操作期では不可能であった保存の概念の理解ができるようになってきます。しかし，この時期はあくまでも具体的な場面での論理的な思考に限られます。抽象的な記号などを用いて論理的に考えることができるようになるのは，次の形式的操作期以降になってからになります。

> 例2　具体的操作期と形式的操作期の違い
> 【具体的操作期の問題例（小学2年生の算数）】
> 　1本30円の鉛筆を5本買いました。全部でいくらになるでしょう。
> 【形式的操作期の問題例（中学2年生の数学）】
> 　1本a円の鉛筆をb本買いました。全部でいくらになるでしょう。

前者の問題は，鉛筆の値段，買う本数が具体的な数字で示されています。具体的操作期では，このように具体的にイメージできるような場面の問題が出題されます。それに対し，形式的操作期では，後者の問題のように，a円やb本など，抽象的な記号に置き換えられ，具体的な場面がイメージされにくい場面においても，問題を解くことが可能になります。このように，形式的操作期に入ると，抽象的な記号に置き換えられても，ものごとの理解ができるようになるのです。

（2）仲間関係の発達

児童期になると，就学によって生活環境が，家庭中心から学校中心へと変化します。そして環境変化に伴い生活空間が広がり，友人関係も幼児期よりもかなり広がってきます。幼児期の仲間関係は，物理的な距離によってつくられます。つまり，近所に住んでいるとか幼稚園で同じクラスなどの，近接の要因によって仲間関係がつくられます。このような特徴は，小学校の低学年まで継続します。

小学校中学年頃になると，親からしだいに自立し始め，その代わりに仲間意識が強くなっていきます。そして，同年齢で同性の4，5人から

7，8人ぐらいの小集団の仲良しグループをつくり，活動するようになります。このように，小さな集団をつくって活動するようになる時期を，ギャングエイジといいます。ここでつくられる集団は，非常に結束が固く，閉鎖的で排他的であることが特徴です。親や教師ですら，その集団からは拒絶されます。子どもたちは集団のみで通用するルールや秘密などをもち，集団のなかで所属意識を高め，集団内の自分の役割を見出していきます。そして集団での活動を通し，集団への忠誠心や責任感や集団内でのみ通用するルールを守ることなど，社会的な規範を学んでいきます。しかしその反面，集団での反社会的行動が問題となることもあります。

反社会的行動
　非行，犯罪など，社会の法律や規範に反し，逸脱した行動。

　青年期に入ると，ギャングエイジのような特徴は見られなくなり，一緒に過ごす友人の数は，集団ではなく数人に限られていきます。また，楽しく遊ぶという関係から，悩みを相談するといった心理的交流を基盤とした関係を求めるようになります。

(3) 自己意識の発達

　自己意識とは，自分に関して認識していることがらのことをいいます。前操作期の象徴的（前概念的）思考段階を過ぎ，概念的な思考が可能になると，子どもは自己意識をことばで表現するようになります。

　1）外面的から内面的へ　　自己意識の内容は，外面的なものから内面的なものへと変化していきます。幼児期の子どもの自己意識は，「私は4歳です」「私はネコを飼っています」というように，客観的な判断が可能な外面的な情報のみによって構成されています。児童期になると，情報が具体的になり，性格などの内面的な内容も，自己意識の中に取り入れられるようになります。さらに青年期に入ると，価値観や信念などが組み込まれるようになります。

　2）アイデンティティの確立　　児童期までは他律的判断が強く，親や教師など大人の権威に従った判断をします。しかし自律的判断が可能になり，自らの価値観をもつことができるようになる青年期になると，友人関係や親子関係や進路選択など自分の身の回りに起こる問題を，自らの判断で解決していかなければならなくなります。その解決のプロセスにおいて，「自分は何を望んでいるのか？」「なぜ自分はこのようなことをしてしまったのか？」など，自分自身に関する問いに直面します。そこで自己意識を再考し，新たな自己に気づき自己意識を再構成していきます。そのようなプロセスによって，アイデンティティが確立されていきます。

　アイデンティティの確立とは「自分は何者か？」という問いに対する答えであり，エリクソン（Erikson, E. H.）が心理・社会的発達理論の中で，青年期の課題として説明している概念です。エリクソンによれ

ば，アイデンティティの感覚とは，「内的斉一性と連続性を維持しよう
とする個人の能力と，他者に対する自己に意味の斉一性，連続性とが合
致したときに生じる自信」であると定義されています。つまり，「自分
は他人とは異なる存在である」「過去から現在，そして将来も変わらな
い存在である」という2つの点を，他人も同様に認めているという安定
感から来る自信がアイデンティティの感覚なのです。この感覚は，自分
に直面する課題を自分自身と向き合いながら解決していく中で，「自分
とは何者か」という自己意識に関する問いを行い，その答えを見つけて
いく過程で得られるものです。しかし，時に自分がどうしたいのか，ど
こに向かおうとしているのかわからなくなり，混乱することもあります。
この状態をアイデンティティ拡散といいます。

　アイデンティティの確立は，青年期に顕著に見られる課題ではありま
すが，青年期に限定される課題ではありません。青年期以降，終生くり
返し問題とされるものです。人は人生の岐路に立たされることが何度も
あります。そのたびに，自分自身を振り返り，そのときそのときで自己
意識を再構成し，アイデンティティの問題に向き合うことになるのです。

引用文献

Bowlby, J.　1969　*Attachment and loss*, Vol.1: Attachment. Hogarth Press.（黒田実
　　郎・大羽　蓁・岡田洋子訳　1976 年　『母子関係の理論 I：愛着行動』　岩崎学
　　術出版社）

Halverson, H. M.　1932　A further study of grasping. *Journal of General Psychology*, **7**,
　　34-64.

Havighurst, R. J.　1953　*Human development and education*. New York: Longmans.
　　（荘司雅子訳　1958 年　『人間の発達課題と教育―幼年期より老年期まで―』
　　牧書店）

野呂　正　1983 年　「思考の発達」　野呂　正（編著）『幼児心理学』　朝倉書店

Parten, M. B.　1932　Social participation among pre-school children. *Journal of
　　Abnormal and Social Psychology*, **27**, 243-269.

Piaget, J.　1970　Piaget's theory. In P. H. Mussen（Ed.）, *Carmichael's manual of child
　　psychology* (3rd ed.): Vol.1. New York: John Wiley & Sons.（中垣　啓訳　2007 年
　　『ピアジェに学ぶ認知発達の科学』　北大路書房）

Piaget, J. & Inhelder, B.　1948　*La representation de l'espace chez l'enfant*. Paris:
　　Presses Universitaires de France.

Shirley, M. M.　1933　The first two years. *Child Welfare Monograph*, **2**, No.7.
　　Minneapolis: University of Minnesota Press.

やまだようこ　1995 年　「生涯発達をとらえるモデル」　無藤　隆・やまだようこ（編）
　　『生涯発達心理学とは何か―理論と方法―』金子書房　57-92 頁 .

2 子どもの学び（学習）

『手本になる』とは
どういうことか

時間	環境構成	予想される子どもの活動	保育者の援助・留意点
10:30	ホール	○体操：「くまさん体操」 ・初めての体操だったが，楽しそうに踊れていた。	・子どもの手本となるように曲にあわせて踊る。
12:00		○昼食（お弁当） ・お弁当の準備をする。 ・「おべんとう」の歌を歌う。 ・「いただきます」とあいさつをする。 ・食べる。	・昼食の準備を手伝う。 ・ピアノを弾く。 ・「いただきますのごあいさつをしましょう」と呼びかける。 ・子どもたちの様子を見ながら，お弁当を食べる。

歌を『覚えて』歌う
とはどのような活動
なのか

　子どもたちは保育の中で，さまざまなことを身につけていきます。それでは，子どもたちがさまざまな活動を通じて新しいことを身につけるというのは，心理学的にはどのような過程なのでしょうか。本章では，「学習」・「記憶」とそのもとになる知的な能力である「知能」について説明します。

1. 学　習

経験に基づく，比較的永続的な行動の変容
　学習は経験による変化だが，経験によらない変化としては「発達」がある。「発達」は年齢を重ねるにしたがって心身が変化していくが，経験によって決まる部分よりも，遺伝子など生まれつき決まっている部分が多く見られる。また，「比較的永続的」とは，学習による変化がある程度その人の中に消えないで残るということを意味する。変化しても，それがすぐに元に戻ってしまっては，学習されたとはいえない。

　「学習」ということばは，日常的に使うことばです。多くの場合，「学習」は「勉強」ということばとほとんど同じように使われています。つまり「学習」とは，学校などで新しい知識を覚えることだと考えられています。しかし，心理学での「学習」は，知識を身につけることだけに限りません。

　心理学では，「経験に基づく，比較的永続的な行動の変容」という定義がよく用いられています。行動の変容とあるように，知識だけではなくより広い意味をもつことばなのです。生活をする中で人間はさまざまな経験をします。その経験によって，行動や知識，考え方などが変化します。これは，学習が行われたのだととらえることができます。

　それでは，学習にはどのような種類があるのでしょうか。

(1) 古典的条件づけ

　パブロフ（Pavlov, I. P.）は犬を用いて古典的条件づけの実験を行いました。これは，「パブロフの犬」ということばでよく知られている実験です（図2-1）。

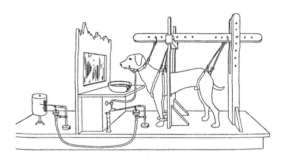

図2-1　パブロフの実験装置

　犬は，えさを与えられると唾液を分泌します。これは，犬が生まれつき身につけている反応で，経験によって学習したものではありません。実験では，犬にえさを与えるときに毎回ベルの音を聞かせました。この「えさと一緒にベルの音を聞く」という経験を何度もすると，犬はベルの音を聞くだけで，えさがなくても唾液を分泌するようになるのです。これは，経験によって「ベルの音を聞くと唾液が出る」という行動が新たに学習されたと考えることができます。

　ここで，生まれつき身についている反応を引き起こす刺激（パブロフの実験の場合はえさ）を無条件刺激，それによる反応（パブロフの実験では唾液の分泌）を無条件反応とよびます。そして，無条件刺激と一緒に示されて，新たに反応を引き起こす刺激（ベルの音）を条件刺激とよ

びます。そして，条件刺激によって反応が引き起こされると，それを条件反応とよびます（図2-2）。

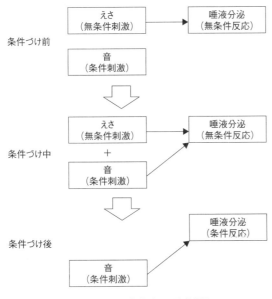

条件づけ前

| えさ
（無条件刺激） | → | 唾液分泌
（無条件反応） |

| 音
（条件刺激） |

条件づけ中

| えさ
（無条件刺激） |
| ＋ |
| 音
（条件刺激） |
→ 唾液分泌
（無条件反応）

条件づけ後

唾液分泌
（条件反応）

| 音
（条件刺激） |

図2-2　古典的条件づけの形成過程

　すなわち，古典的条件づけとは，無条件刺激と条件刺激が一緒に示されることで，条件刺激により条件反応が生じるようになることをいいます。古典的条件づけはレスポンデント条件づけとよばれることもあります。

　パブロフの犬の実験は動物の生理的反応の条件づけですが，古典的条件づけは人間にも見られます。梅干しやレモンなどすっぱいものを思い浮かべたりするだけで口の中に唾液が分泌されることがあります。これは，梅干しやレモンを食べた経験から，古典的条件づけが形成されたのだと考えられています。ですので，梅干しを食べたことのない人には生じません。また，古典的条件づけは生理的反応だけではなく，人間の情動でも生じるとされています。

（2）試行錯誤学習

　試行錯誤とは，何かの問題を解決するためにさまざまな方法を試す中で正解にたどり着くことをいいます。試行錯誤学習は，試行錯誤をくり返すうちに正しい行動が学習されることです。

　ソーンダイク（Thorndike, E. L.）は，ネコを使って試行錯誤学習の実験を行いました。中のペダルを踏むととびらが開くしくみの箱を用意して，ネコをその中に入れます。ネコは，なんとかして箱から出ようとしてさまざまな行動をするうちに，偶然，ペダルを踏んで外に出ることができます。このネコを再び箱の中に戻すと，今度はさっきよりも短い

時間で外に出ることができます。学習を繰り返すことで，誤った行動が減り，ペダルを踏むという正しい行動をすることができるようになるのです。

　この試行錯誤学習の考えは，次のオペラント条件づけのもととなっていきました。

(3) オペラント条件づけ

　オペラント条件づけはスキナー（Skinner, B. F.）によって多くの研究が行われました。スキナーはスキナー箱という実験装置をつくって，ハトやネズミを対象にして研究を進めました。

　たとえば，中にレバーがついている箱の中にネズミを入れるという実験があります。箱の中のレバーを押すと，えさや水が出てくるようなしくみになっています。箱に入れられたネズミは，箱の中をうろうろと動き回りますが，そのうちに，偶然レバーを押すことがあります。そうすると，えさを手に入れることができます。このような経験をくり返すことで，ネズミは「レバーを押してえさをもらう」という行動を学習し，偶然にではなく自分から積極的にレバーを押すようになります（図2-3）。

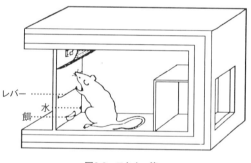

図2-3　スキナー箱

　このように積極的で自発的な行動が身につくことをオペラント条件づけといいます。古典的条件づけは，ベルがなることによって唾液が分泌されるというように，条件刺激に対する受身的な反応です。それに対して，オペラント条件づけでは，自分の周りの環境にあるものに対して積極的に働きかける行動が学習されているところが異なります。なお，オペラント条件づけは，道具的条件づけともよばれます。

　ネズミの実験でオペラント条件づけが行われたのは，えさが与えられたからです。レバーを押したときにえさが与えられることで，それまでにはなかった行動が獲得されます。このとき，ある行動の頻度が増えることを「強化」とよび，ある行動を増やす刺激（この場合はえさ）を「強化子」とよびます。強化子には，「正の強化子」と「負の強化子」の

2種類があります。正の強化子は，えさのようにその刺激があることによって行動が増加するものであり，負の強化子はその刺激が取り除かれることによって，行動が増加するものをいいます。たとえば，ネズミの入っている箱に弱い電流を流します。これは，ネズミにとって不快な刺激なのですが，レバーを押すことによって止めることができます。この場合，不快な刺激を取り除くためにレバーを押すという行動が学習されますが，ここでの電流が負の強化子になります。

　また，学習の結果としてある行動の頻度が減ることもあります。これを強化に対して，「弱化」とよびます。悪いことをしたときに怒られたり罰を受けたりすることがありますが，怒られることによって，その後，悪いことをしなくなります。この場合，弱化が起きたのだと考えられます。

(4) 観察学習

　観察学習とは，他の人の行動を観察して新たな行動を身につけることで，モデリングともよばれています。今までの学習が，すべて自分自身の経験から学習していたのに対して，観察学習では自分自身の経験ではなく，他の人（モデル）の経験をもとに学習していきます。

　バンデューラ（Bandura, 1965）は，子どもの攻撃行動に関する観察学習の実験を行いました。大人が人形に攻撃行動（たたいたりけったり）をするビデオを見た子どもは，見なかった子どもと比べると，人形に対する攻撃行動が多くなりました。これは，大人の行動を観察することで人形に対する攻撃行動が学習されたのだと考えられます。子どもが大人のことばや行動のまねをすることがありますが，これらも観察学習によるものです。

　しかし，観察した他の人の行動をすべて実行するわけではありません。たとえば，他の子どもがよいことをして，ほめられているのを観察した場合を考えてみましょう。そのような場合には，同じことをしたら自分もほめてもらえるのではないかと考え，観察した行動をするでしょう。反対に，悪いことをして怒られているのを見れば，自分も怒られるかもしれないので同じことをするのはやめようと思います。このように観察学習では，観察した対象が受けた報酬や罰が，観察している方にも働きます。これを代理強化とよびます。他の人が受けた報酬や罰が，自分自身が受けたときと同じような効果をもつのです。

　観察学習は，自分自身が経験する以上のことを他の人の経験から学ぶことができるため，保育や教育では重要な意味をもっています。子どもにどのような状況を観察させることで，そこから何を学習させることができるかを考える必要があるでしょう。

2. 知　　能

(1)　知能とは

　知能とは，頭のよさのことだと考えられているのではないでしょうか。知能の高い人は頭がいい人というイメージだと思います。しかし，「頭がいい」といっても，ではどのような人が「頭がいい」人なのかと考えると，さまざまな意見があります。同じように，知能の高い人とはどのような人なのか，そもそも知能とは何なのかということに関しては，心理学においてもさまざまなとらえ方があります。たとえば，知能とは抽象的思考能力であるとか，学習経験によって新しい知識を獲得する能力であるとか，新しい環境に適応する能力であるといった定義がされています。これらを総合して考えると，知能は単純な一つの能力ではなく，幅広いさまざまな能力を含んだ概念だといえるでしょう。

(2)　知能の理論

　このように，知能とはさまざまな知的能力を含む，幅広い概念です。では，知能をより詳しく見ていくとどのような要素があると考えられるのでしょうか。人間の知能は，どのように分類できるのでしょうか。

　スピアマン（Spearman, 1904）は，知能を大きく一般因子（g）と特殊因子(s)の2種類に分けて考えました。これを2因子説といいます(図2-4)。一般因子とは，さまざまな知的活動に共通して働く能力のことを指します。それに対して，特殊因子とはある課題や活動についてのみ働く能力になります。たとえば，学校の教科には国語や数学などがありますが，国語にだけ必要だとか数学にだけ必要だという能力が特殊因子にあたります。一方，すべての教科の成績に影響するような能力が一般因子として考えられます。

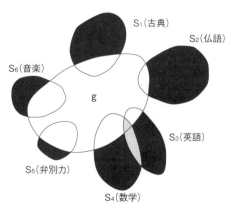

図2-4　スピアマンの2因子説

この２因子説に対して，サーストン（Thurstone, L. L.）は，全体的な能力である一般因子が存在するのではなく，それぞれ独立した７つの因子を考える多因子説を唱えました。また，ギルフォード（Guilford, 1959）は，知能を３次元の立方体を用いて表現しています。３次元とは，操作・所産・内容の３つです。操作とは，知的活動でどのような処理を行うかということで，５種類があるとされています。所産とは，操作によって情報をどのような形式で処理するのかを意味し，６種類が考えられています。最後に内容とは，どのような情報が処理されるかを示しており，４種類あります。これを掛けあわせると 5 × 6 × 4 = 120 となり，知能には 120 種類の因子があると考えられます（図2-5）。

多因子説
　サーストンの７つの因子としては，数・語の流ちょうさ・空間・言語理解・記憶・推理・知覚判断の早さがある。

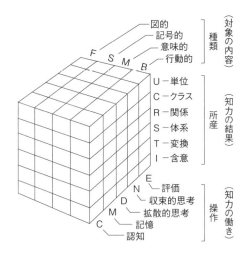

図2-5　ギルフォードの知能モデル

また，キャッテル（Cattell, 1971）は人間の知能を大きく流動性知能と結晶性知能に分類できるとしています。流動性知能は，新しい状況や課題にうまく取り組むときの知能で，情報処理能力や記憶力などが含まれます。結晶性知能は，それまでの経験によって身についた知識や判断力などです。この２つは，生まれてから青年期まではともに高まっていきますが，成人期以降，流動性知能は低下していくと考えられています。一方，結晶性知能は年をとるにつれて経験が増えていくため，低下することなくゆるやかに発達していくと考えられています。

（3）知能を測る方法

　個人の知能を測るための検査が知能検査です。知能に対する定義や考え方はさまざまなものがありますが，知能検査もそれを反映して，さまざまな内容のものが作られています。また，形式として，個別式と集団式に分けられます。検査者と検査を受ける人（被検査者）が一対一で行うのが個別式の検査です。それに対して，多くの人に一斉に行うものを

集団式知能検査とよびます。ここでは，代表的な知能検査を紹介します。

1) ビネー式知能検査　フランスのビネー（Binet, A.）とシモン（Simon, T.）によって，1905年に初めて作成されたのがビネー式の知能検査です。ビネーは，教育上特別な配慮が必要となる知的障害などをもつ子どもを発見するために，知能を測定する検査を開発しました。1908年には，精神年齢という考え方を取り入れ，問題を年齢ごとに作成した改良版を作成しました。

その後，アメリカのターマン（Terman, L. M.）によって，スタンフォード・ビネー検査として改訂され，現在でも改良が続いています。日本においても，スタンフォード・ビネー検査をもとにした，田中ビネー式知能検査などが開発されています。

ビネー式の特徴は，年齢ごとに問題が作成されているところにあります。どの年齢の問題がどのぐらい正解できたかで知能の高低を判断します。

2) ウェクスラー式知能検査　ウェクスラー（Wechsler, D.）によって作成された知能検査が，ウェクスラー式知能検査です。検査対象によってさまざまな内容のものが開発されていて，子ども向けのWISC（5〜16歳）とWPPSI（3〜7歳），大人向けのWAISがあり，それぞれ改良が重ねられています。

ウェクスラー式では知能をいくつかの領域に分けています。そして，それぞれの領域の知能を測定するための問題が作成されています。

3) 集団式知能検査　ビネー式とウェクスラー式の知能検査は，いずれも個別式検査で，検査者と被検査者が一対一で行うものでした。これは，被検査者の知能の特徴をこまかく調べることができますが，多くの時間と労力がかかります。また，正確に知能を測るためには，検査者がその検査を十分に使いこなせなくてはなりません。

それに対して，多くの被検査者に対して短時間で実施できるように開発されたのが集団式の知能検査です。最初の集団式検査は，アメリカの軍隊で兵士の知能を測定するために開発されたものです。現在では，さまざまな検査が作成されています。

(4) 知能指数の意味

知能指数とは，知能の高低を数値であらわしたもので，IQともよばれます。検査によって計算方法は違いますが，多くの場合，平均的な知能が100になるようにつくられています。

ビネー式の検査では，もともとはIQを計算していませんでした。ビネーは精神年齢という考えを用いて，その子どもの知能がどの程度まで発達しているのかを示しました。ビネー式の検査は，年齢ごとに問題が

つくられていますので，どの年齢の問題に正解できたかで，どのぐらいの年齢まで知能が発達しているかが判断できます。

　このビネー式を改良したスタンフォード・ビネー式の知能検査で初めて IQ が取り入れられます。それは，次のような式で計算します。

$$\mathrm{IQ} = \frac{\text{精神年齢}}{\text{生活年齢}} \times 100$$

　生活年齢とは実際の年齢のことです。この式は，実際の年齢と精神年齢とを比べて，知能の高低を判断しようというものです。自分の年齢の問題が正解できれば，それは年齢にあわせて知能が発達しているということになります。それに対して，実際の年齢よりも高い年齢の問題に正解できれば，それだけ知能の発達が進んでいるわけです。この場合，知能指数も高くなります。一方で，実際よりも低い年齢の問題にしか正解できないならば，知能の発達がそれだけ遅れていると考えることができます。なお，生活年齢と精神年齢が一致している場合には，IQ は 100 となります。

　これに対してウェクスラー式では，個人の発達の水準ではなく，集団の中での相対的な位置をもとに知能指数を計算します。

$$\mathrm{IQ} = \frac{15 \times (\text{個人の得点} - \text{平均点})}{\text{標準偏差}} + 100$$

　これは，個人の得点が平均点からどのくらい離れているかによって知能の高低を判断するもので，偏差知能指数ともよばれます。個人の得点が平均点と同じであれば IQ は 100 になります。平均点よりも高ければ IQ は 100 より大きくなり，平均よりも低ければ IQ は 100 よりも小さくなります。この偏差知能指数は，後にスタンフォード・ビネー式知能検査や田中ビネー式知能検査にも取り入れられました。

　精神年齢を使った IQ は，知能の発達水準という考え方をもとにしています。その結果を実施した段階で，知能の発達が実年齢と比べて進んでいるのか遅れているのかという観点で，IQ の高低が決まります。それに対して，偏差知能指数では，平均点との比較によって知能の高低が決まります。つまり，他の人の成績と比較して知能の高低を判断することになります。このように，同じ IQ といっても，その計算方法が異なれば，その値の意味するものも異なるため，注意が必要です。

3. 記　憶

　学習とは，「経験に基づく，比較的永続的な行動の変容」のことだと述べましたが，経験をもとに学習するためには，その経験や変化した結

果が残る必要があります。すなわち，学習には記憶という能力が欠かせません。また，知能に含まれるさまざまな知的能力の中でも記憶は重要な要素として考えられています。では，人はものごとをどのように記憶するのでしょうか。

(1) 記憶の過程

　人間の記憶は，3つの段階を経て進んでいくと考えられています。3つの段階とは，記銘，保持，想起です（図2-6）。記銘とは，情報を記憶できる形にして取りこむことをいいます。これは符号化ともよばれますが，人間は見たものや聞いたことをそのままの形で取りこむのではなく，情報を変換したり，取捨選択したりして記憶しているのです。次の保持は貯蔵ともよばれます。この段階では，記銘で取りこんだものを頭の中にとどめておきます。そして，必要なときに情報を取り出すわけですが，それを想起といいます。これは，記憶している多くの情報から必要なものを探し出すことでもあるため，検索ともよばれます。

図2-6　記憶の過程

　記憶がうまくいかない場合，つまり思い出そうとしたことが思い出せないときには，この3つの段階のどこかで失敗が起きていることになります。たとえば，そもそも情報を取りこむときに間違って取りこんでしまったり，情報を見逃して取りこむことができなかったりするのは，記銘時の失敗です。また，記憶した情報が保持している間に消えてしまうこともあります。そして，記憶できていても必要な情報が取り出せなかったり，違う情報を取り出してしまったりすることもあります。これは，想起の失敗です。

　このように，3つの段階のどこでも失敗する可能性はあります。しかし，何かを「忘れた・思い出せない」というのは，保持していた情報が消えてしまうこともあるのですが，想起の失敗である場合が多いようです。たとえば，小学校の頃の同級生の名前を思い出せといわれて，全員を思い出せないこともあるでしょう。しかし，名前を言われれば思い出せたり，名前を見て同級生だったか判断することはできたりします。このように何かの手がかりがあれば思い出せるのであれば，何らかの情報が残っていると考えられます。その残っている情報を取り出すことができなかったため，「思い出せなかった」わけです。

(2) 記憶の貯蔵庫モデル

　人間の記憶は，いくつかの種類に分類できると考えられています。記

憶の貯蔵庫モデルでは，記憶を感覚記憶，短期記憶，長期記憶の3種類に分類しています（図2-7）。

図2-7　記憶の貯蔵庫モデル

　このモデルでは，外部からの情報はまず感覚記憶に入ります。感覚記憶に入った情報の一部分が短期記憶に入り，短期記憶に入れられた情報の一部が長期記憶へと送られます。

　1）感覚記憶　　感覚記憶とは，目や耳などの感覚器が受け取った情報がそのまま入るものです。目にうつった景色や耳に入ってきた音が入りますが，短期記憶に送られるのは，その景色や音の中の注意を向けた部分だけです。見えたり聞こえたりしていても注意を向けなかったところは，記憶に残ることなく，ごく短時間で消えてしまいます。

　2）短期記憶　　短期記憶もその名前のように，短い時間しか残らない記憶で，何もしなければ数秒から数十秒で消えてしまうといわれています。これは，紙に書いてある電話番号を見て，電話機で番号を押すまで覚えておくようなときに使われます。番号を押すまでは覚えているのですが，話を始めるとその番号は忘れてしまいます。短期記憶が消えないようにするには，たとえばその番号を頭の中でくり返し唱えるなどする必要があります。

　また，短期記憶に一度に入れられるサイズは7±2程度だといわれています。これは，記憶する情報によって，7±2桁であったり，7±2文字であったり，7±2語であったりしますが，これ以上の情報は正確に記憶することができません。

　3）長期記憶　　短期記憶は，記憶できる量も時間も非常に限られたものです。しかし，ものを覚えるというのは，もっと多くのことを長い時間記憶することを指すのではないでしょうか。そのような，一般的にいわれる記憶にあたるのが長期記憶です。長期記憶では，記憶できる容量に制限はないと考えられています。人の名前は何人までしか覚えられないとか，単語は何語までしか覚えられないという制限があるわけではありません。また，記憶を保持できる時間も制限がないとされています。何年しか記憶できないということはなく，一生忘れずに残る情報もあるのです（表2-1）。

表2-1　短期記憶と長期記憶の違い

	記憶の保持時間	記憶の容量
短期記憶	数秒～数十秒	7±2
長期記憶	制限なし	制限なし

この長期記憶は，その内容でいくつかに分類されています（図2-8）。

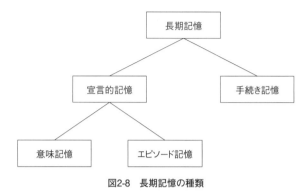

図2-8　長期記憶の種類

　宣言的記憶とは，その内容をことばで表現できるような記憶です。宣言的記憶はまた，エピソード記憶と意味記憶に分類されます。エピソード記憶は，個人の経験や出来事に関する記憶です。「昨日，家族で動物園に行った」とか「朝，駅で友だちに会った」のように，具体的な時間や場所といった情報が含まれています。一方，意味記憶は，事実に関する記憶で，人間の知識のことをいいます。ことばの意味やものごとに関する知識などが意味記憶になります。

　エピソード記憶と意味記憶は宣言的記憶であり，ことばで表現することができます。ですので，自分の経験や知識は，他の人にことばで伝えることができます。これに対して，手続き記憶は身につけた技能や運動の記憶です。たとえば，自転車の乗り方などです。自転車の乗り方は，練習をくり返すことで，どのように体を動かしたらうまく乗ることできるかが身についていきます。その記憶を引き出すことで，その後も自転車に乗ることができます。しかし，自転車の乗り方をことばで表現しようとしても難しいですし，その説明を聞いたからといって，乗れるようになるわけではありません。このように，手続き記憶はことばで表現したり伝えたりすることができない記憶だといえます。

（3）記憶の方略

　記憶の方略とは，情報をどのようにして記憶するかという方法のことです。一般的にいう記憶とは長期記憶のことですので，記憶方略は，短期記憶から長期記憶へと情報を送る方法ということになります。では，効果的な記憶方法としては，どのようなものがあるのでしょうか。

　1）リハーサル　　もっとも基本的な記憶方法は，リハーサルになります。情報を頭の中や口頭で何度もくり返すことをリハーサルといいます。これは，短期記憶の中に情報をとどめておく方法だと述べましたが，情報を長期記憶へ移す働きもあります。新しい英単語を覚えるために，ノートに何度も書いたり単語帳などを使って何度も見たりしますが，こ

れはリハーサルの例です。

　2)　**意味づけ**　　数字の並びのようにそのものに意味のないものは，記憶しにくい情報です。たとえば，歴史の年号などはその数字の並び自体に意味はありません。それだけでは覚えにくいので，語呂あわせなどを使って意味のあることばと結びつけることで記憶しやすくします。いくつかの単語を覚えるときに，その単語を用いた文章やストーリーをつくることで，単語の間の関係に意味づけをし，記憶することも効果的です。

　3)　**体 制 化**　　記憶する情報を分類したり，記憶する情報の間の関係を考えたりすることを体制化とよびます。たくさんの動物の名前を一度に覚えようとするときに，そのまま覚えるよりも，ほ乳類，鳥類，は虫類というように分類して，それぞれのカテゴリーごとに記憶する方が思い出しやすいのです。

　4)　**イメージの利用**　　記憶するときに，視覚的なイメージを使うことは効果的です。単語を覚えるときに，その語のイメージを一緒に覚えるようにすることで，イメージを手がかりに単語を思い出すことができます。

　他にもさまざまな記憶の方略があります。丸暗記や単純なリハーサルをするだけでなく，記憶方略を工夫することで効率的に記憶することができます。また，子どもに何かを覚えてもらいたいときにも，情報の示し方を工夫することで記憶しやすくできるでしょう。

引用文献

Bandura, A.　1965　Influence of models: Reinforcement contingencies on the acquisition of imitative responses. *Journal of Personality & Social Psychology*, **1**, 589-595.

Cattell, R. B.　1971　*Abilities: Their structure, growth and action*. Boston: Houghton Mifflin.

Guilford, J. P.　1959　Three faces of intellect. *American Pshycologist*, **14**, 469-479.

Spearman, C.　1904　"General Intelligence" objectively determined and measured. *American Journal of Psychology*, **15**, 201-293.

Thurstone, L. L.　1938　Primary mental abilities. *Psychological Monograph*, No.1.

3 やる気を促す保育（動機づけ）

　保育所保育指針における保育の目標には以下のような項目が挙げられています。

> （エ）生命，自然及び社会の事象についての興味や関心を育て，それら
> 　　　に対する豊かな心情や思考力の芽生えを培うこと。
> （オ）生活の中で，言葉への興味や関心を育て，話したり，聞いたり，
> 　　　相手の話を理解しようとするなど，言葉の豊かさを養うこと。

　この目標を受けて，保育の方法として以下の内容が記されています。

> オ　子どもが自発的・意欲的に関われるような環境を構成し，子どもの
> 　　主体的な活動や子ども相互の関わりを大切にすること。特に，乳幼
> 　　児期にふさわしい体験が得られるように，生活や遊びを通して総合
> 　　的に保育すること。

　また，学校教育法にも幼稚園教育の目標として，同じような内容の項目が含まれています。すなわち保育場面では，さまざまな対象への「興味や関心」を育てるための「自発的・意欲的」にかかわれる環境構成が重視されているのです。それでは，心理学では，「意欲」「関心」「興味」といったものはどのように考えられているのでしょうか。本章では，動機づけの概念について説明をし，「意欲」「関心」「興味」を伸ばすための方法について考えてみたいと思います。

1. 動機づけとは

人は，普段の生活の中でいろいろな行動をしています。それらの行動は，なぜ生じるのでしょうか。また，行動をはじめてもすぐに止めてしまうこともあれば，長く続く行動もあります。では，人が行動しようとするときには，どのような心理的な現象が起きているのでしょうか。

「行動を生じさせ，その行動を継続し，何らかの目標に方向づける一連の心理的な過程」を動機づけといいます。人間の行動はさまざまですので，その行動のもととなる動機づけにもさまざまなかたちがあると考えられています。

(1) 欲求階層理論

マズロー（Maslow,1970）は，さまざまな欲求を階層的に位置づけた欲求階層理論を唱えました。この理論では，①生理的欲求，②安全の欲求，③愛情と所属の欲求，④自尊の欲求，⑤自己実現の欲求の5種類の欲求が提唱されています。そして，5つの欲求が階層的に積み上げられています（図3-1）。

図3-1　マズローの欲求階層理論

この欲求階層理論では，下の階層にある欲求が満たされて，初めてその上の階層の欲求が生じると考えられています。たとえば，食料や水が十分にないときには食欲やのどの渇きなどの生理的欲求が満たされません。その場合，食料や水を手に入れるために多くの時間や労力を使わなくてはいけないため，自尊の欲求や自己実現の欲求はそれに比べると重要ではなくなります。自分の生命がおびやかされているようなときには，自己実現を考えないということです。マズローは自己実現の欲求をもっとも上位の欲求として位置づけましたが，自己実現の欲求が生じるためには，下層の欲求が十分に満たされた状態にいることが必要となるのです。

また，この階層は発達的にも考えることができます。発達が進むにつれて，下の欲求から始まって徐々に上位の欲求が生じてくると考えられ

動機づけ
　動機づけに関する概念としては，「動機」「動因」「欲求」などがある。これらを厳密に区別する場合もあるが，本章では「動機」と「欲求」をほぼ同じような概念として述べている。

5つの欲求
　生理的欲求は，生命維持のために必要な欲求。安全の欲求は，生命の安全や安心を求める欲求。愛情と所属の欲求は，仲間に受け入れられ，愛されたいという欲求。自尊の欲求は，自分の有能さを感じ，認められたいという欲求。自己実現の欲求は，自分の可能性を発揮していきたいという欲求を意味する。

ています。幼い頃は，生きるための食事や安全に生きることが重要です。しかし，成長するにつれて他者とのよい関係や自己評価などを求めるようになります。そして，大人になると自分らしく生きたいと考え，人生を送るようになります。ただし，成長すると生理的欲求などの下位の欲求がなくなるというわけではありません。成長しても生きていくためには生理的欲求が必要ですが，それよりもより上位の欲求の重要性が高まるのです。

(2) コンピテンス動機づけ

コンピテンスとは，自分の周囲の環境と効果的に相互作用する能力のことで，ホワイト（White, 1959）によって提唱されました。人は，おもちゃや家具，道具などのさまざまなものに囲まれて生活しています。また，周囲には親や友だちなど，さまざまな人々もいます。これら，周りにあるものすべてを環境といいます。

生活をしていく中で環境の中にあるものを使ったり，人と一緒に何かしたりします。そのように環境の中にあるものと相互作用するときに，うまくいくことができれば，自分はそれだけの能力があるのだという効力感を得ることができます。このような効力感を得たいという動機づけをコンピテンス動機づけとよびます。

(3) 達成動機

達成動機とは，ある課題や目標がある場合に，それをより上手にやりとげたい（達成したい）という動機づけです。何かの課題をやりとげると「できた！」という達成感を得ることができます。それがうまくできたり，他人よりも早くできたりすればさらに大きな達成感につながるでしょう。そのような達成感を求めて課題に挑戦しようという動機を達成動機づけとよびます。

アトキンソン（Atkinson, 1964）は，達成動機の強さは，「成功したいという傾向」と「失敗したくないという傾向」の２つによって決まると考えました。人にはこの２つの傾向があるのですが，２つを比べたときに「成功したいという傾向」が強い人は，達成動機が高く，課題に取り組もうとします。一方で，「失敗したくないという傾向」が強い人は，達成動機が低くなります。なぜなら，課題に取り組むことがなければ，そもそも失敗することはないため，課題を避けようとするのです。

また，達成動機の強さは取り組む課題によっても変わります。課題が簡単すぎても難しすぎても，達成動機は低くなります。課題が簡単すぎるときには，それに取り組んでも失敗することはないでしょう。しかし，簡単すぎる課題は，成功してもあまり達成感を得ることができません。大人が小学生向けの問題に正解しても，できて当たり前なので達成感に

はつながらないのです。それに対して，難しすぎる課題は，成功すれば非常に強い達成感を得ることができるでしょう。ところが，難しすぎるため，失敗する可能性が非常に高くなり，挑戦しようという気持ちがなくなってしまうのです。成功する確率と達成感を考えた場合，中程度に難しい課題でもっとも達成動機が高くなると考えられています。

（4）親和動機

　達成動機は，競争的な側面をもった動機と考えることができます。他の人と競争して勝つことや，他の人より早くできることなどで達成感を得ることができるからです。達成動機の高い人は，他の人と競争することや比較して優劣をつけることを好む傾向にあります。

　しかし一方で，競争するのではなく他者と協力して活動し，周囲の人たちとよい人間関係を築きたいという気持ちもあります。人は社会的な動物であり，集団で生活しています。常に他の人とのかかわりをもちながら生きていくため，他の人とのよい関係をもつことが重要です。そのような，自分の親しい人とよい関係をつくり，それを維持していこうとする動機を親和動機とよびます。

2．内発的動機づけと外発的動機づけ

　人は普段の生活の中でいろいろな行動をしていますが，行動をする理由はその時々によってさまざまです。たとえば，食事をするという行動を考えてみましょう。食事は生きていくために必要な行動で，食事で栄養分を取り入れなくては生きていけません。しかし，食事は単なる栄養補給というだけのものではありません。おいしい料理を家族や友だちと食べたり，お菓子やコーヒー，お酒といったし好品を楽しんだりすることには，栄養補給以外の意味もあります。

　このように，人の行動を考えるとき，「何を」する動機が生じているのかという視点ばかりでなく，その動機が「なぜ」生じてきたのかという視点からも考えることができます。このように行動の理由をとらえた考え方として，内発的動機づけと外発的動機づけがあります。

（1）内発的動機づけ

　内発的動機づけとは，自分の興味や関心によって行動が生じるという動機づけになります。自分がやりたいことや好きなことをするような場合です。たとえば，趣味は，そのことをするのが楽しいとか，面白いから行うことが多いでしょう。誰かに強制されてやるわけではなく，自分からやりたいと思って行動するわけです。このような場合を，内発的に動機づけられているといいます。

　内発的動機づけは，自分の興味や関心に基づいているので，行動が自発的に生じます。また，他の人が促したり強制したりしなくても，本人の興味が続くならば行動も継続していきます。虫が好きな子どもは，虫を採ったり飼育したりするために，いろいろ自分で調べ，知識を増やしていきます。本人は勉強しているつもりがなくても，知識や技術は身についていきます。そのため，保育や教育的な視点からは，内発的動機づけは望ましいかたちの動機づけであるといえます。

（2）外発的動機づけ

　しかし，常にやりたいこと，やっていて楽しいことばかりをしているわけではありません。自分がやりたいと思わなくても，やらなくてはいけなくなる場合もあります。

　おもちゃを片づけない子どもでも親や先生にしかられると，しぶしぶ片づけを始めます。また，片づけたあとにおやつが待っているならがんばって片づけようとするでしょう。この場合，賞罰によって動機づけが生じたことになります。おもちゃを片づけるのは，しかられないようにしたり（罰）おやつをもらったり（報酬）するためなのです。このような他の人からの働きかけによって行動が生じることを，外発的動機づけとよびます。

　外発的動機づけとは，賞罰や他の人，周りの状況など，自分以外のものに働きかけられて行動するという動機づけです。やりたいからやるというものではなく，やらされるからやる，やらないといけないからやるというものになります。そのため，その行動をすることが目的ではなく，行動は報酬を受けたり，罰を避けたりするための手段となります。

3. 原因帰属と動機づけ

　人は，行動の結果がでたときに，その原因をいろいろ考えることがあります。何か行動した結果として，うまくいくこともあれば，失敗してしまうこともあります。そのときに，「うまくいったのはどうしてだろうか」とか，「失敗したのは何が悪かったのだろうか」などと考えます。このように出来事の原因を考える（帰属する）ことを原因帰属といいます。

　そのときに考えた原因が本当の原因かどうかはわかりません。原因帰属においては，その結果が起きた原因が何だと「考える」かが重要なのです。そして，ある出来事の原因をどのように考えるかが，その後の行動や動機づけに影響すると考えられています。

（1）ワイナーの帰属理論と動機づけ

　ワイナー（Weiner, 1972）は，原因帰属を内的‐外的（統制の位置）と安定的‐不安定的（安定性）の2つの次元からとらえました。そして，どのような原因帰属を行うかで，その後の行動や感情が変わると考えました。

　内的な原因帰属とは，原因が自分の中にあると考えるものです。それに対して，外的な帰属とは，原因が自分以外にあるとする帰属になります。一方，安定的な帰属は，その原因が簡単には変化したりなくなったりしないという考え方です。不安定的な帰属をする場合には，原因が変わってしまったりなくなってしまったりすることがあるということになります。

　この内的‐外的，安定的‐不安定的の2次元を組み合わせると，4種類の原因帰属を考えることができます（表3-1）。内的で安定的な原因としては「能力」が考えられます。ある人の能力は，その人の内的なものであるし，短い時間ですぐに変化するものではないと考えられるからです。一方で，内的で不安定的な原因としては「努力」があります。努力は，自分自身がするものなので内的な原因ですし，その時々で努力することもあればしないこともあるため，不安定だと考えられるからです。

　「課題の困難度」は，外的で安定的な原因になります。ある課題（何かのテストであるとか，仕事上の作業など）の難しさは，その課題によって決まっているもので，自分自身の特徴ではないからです。最後に，外的で不安定な原因としては「運」が挙げられます。「運」も自分の外にあるものですし，運がよいときもあれば悪いときもあるというように不安定なものだからです。

表3-1　ワイナーによる原因帰属の要因

		安定的	不安定的
内	的	能　力	努　力
外	的	課題の困難度	運

　では，原因帰属は動機づけとどのように関係しているのでしょうか。たとえば，何かに失敗してしまったとしましょう。その原因を「努力」に帰属する，つまり「努力が足りなかったから失敗してしまったんだ」とするならば，「もっと努力すれば，次はうまくできるだろう」と思います。このような場合には，次はもっとがんばろうという気持ちになるでしょう。

　また，「運が悪かったからうまくいかなかったんだ」と考えると，「次はうまくいくかもしれない」というように次回も挑戦してみようと思います。このように，失敗したときでもそれを不安定な原因に帰属するならば，動機づけは低下しないのです。

　しかし，失敗の原因が「能力」にあると考えた場合はどうなるでしょうか。「能力」は安定的であるため，次にもう一度やるときまでに大きく伸びるとは考えられません。ですので，「今回うまくいかなかったならば，次も失敗するのではないか」となってしまいます。

　「課題の困難度」も同じで，「この課題は，次もやっぱり難しいから，うまくできないだろう」と考えられます。つまり，失敗の原因を安定的なものに帰属すると，次も失敗しそうだと予測するので，動機づけが下がると考えられています。

　このように，ある課題に失敗した後でもう一度，挑戦しようと思うかどうかには，何に原因を帰属するかが強く関係しているのです。

(2) 学習性無力感

　セリグマンとマイアー（Seligman & Maier, 1967）は，犬に対して電気刺激を与えるという実験を行いました。電気刺激は犬にとっても嫌なものですので，できれば避けようとします。しかし，実験では犬の行動とは無関係に電気刺激を与えるようにしました。つまり，犬が避けようとしても電気刺激が続くこともありますし，犬が何もしなくても電気刺激がなくなる場合もあるわけです。

　そのような経験をした後で，犬は行動を起こせば電気刺激を避けられるような状況へと移されます。こちらの状況では，うまく行動すれば電気刺激から逃げることができます。しかし，犬は電気刺激を受け続け，避けようという行動を示さなかったのです。

　この実験では，初めに電気刺激を避けられない状況におかれることで，犬が非常に無気力になってしまったと考えられています。つまり，自分の行動とは無関係に電気刺激を受けることで，何をしても無駄だという無力感を抱いてしまったのです。この強い無力感があるために，行動すれば避けられる場合でも行動しなくなってしまったわけです。このような現象は，無力感が学習されたものと考えられるため，学習性無力感とよばれています。この実験は，犬を対象としたものですが，同じような現象は人にも見られます。

　学習性無力感を生じてしまうかどうかには，自分が何かすることで結果を変えることができるかが問題となります。つまり，電気刺激を避けられない犬のように，「自分が何をしても結果は変わらないんだ」と考えると，何をしても無駄だと思い，無力感をもつようになってしまいます。うまくいくにしろ，いかないにしろ，自分の行動によって結果が変わるのであれば無力感は生じません。しかし，たとえうまくいくにしても，「自分が何もしなくてもどうせうまくいく」という状況であれば，やはりわざわざ行動しようとは思わないでしょう。つまり，失敗するから無力感をもつのではなく，結果を左右できないという感覚が無力感に

つながるわけです。

4. 子どものやる気を促す保育とは

　今まで述べたように，人間の行動のもととなる動機づけにはさまざまなかたちが考えられています。それでは，実際に子どものやる気（動機づけ）を伸ばすようなかかわり方としてはどのようなものが考えられるでしょうか。動機づけを伸ばすために注意するべき点を挙げてみましょう。

(1) 達成感を得られるような課題

　達成動機のところでも述べたように，適度な難しさの課題に取り組むときにもっとも達成動機が高くなります。あまり簡単な課題でも退屈ですし，あまり難しすぎてもやる気が起きません。ですので，その子にあわせた難しさの課題を用意することが必要になります。何かを制作する活動でも，どの程度まで準備するか，どの程度まで子どもにやらせるかを調整することで，課題の難しさを変えることができます。どこまでできるかを考え，少しがんばったらできるというぐらいの難しさにするのがよいでしょう。ただし，クラスの中でも月齢が異なったり，得意不得意がありますので，その子にあわせた援助を行わなくてはなりません。

(2) 失敗を恐れないような雰囲気づくり

　達成動機は，「成功したいという傾向」と「失敗したくないという傾向」の比較によって決まってきます。「成功したいという傾向」よりも「失敗したくないという傾向」が強くなれば，何かに挑戦しようという達成動機は低くなってしまいます。ですので，「失敗したくないという傾向」を強くしないことが重要です。

　失敗を非常に強く非難されたり，失敗を恥ずかしいものだと感じたりするならば，成功するよりも失敗を避けようという気持ちが強くなるでしょう。それに対して，失敗を認めて受け入れる雰囲気をつくることで，失敗を恐れずに取り組むことができるようになるでしょう。

(3) 知的好奇心を引き出す環境

　内発的動機づけを引き起こすものの一つが知的好奇心です。自分の知らないものや今まで見たことのないもの，自分の理解できないようなものにふれると，それに興味を引かれ，それを理解したいという気持ちが生じます。これが知的好奇心で，自分の知らない珍しいもの，新奇なものを求める傾向であるといえます。

　子どもは大人に比べて好奇心が強いといわれます。新しいおもちゃや

本，また虫や草木など，子どもはさまざまなものに興味をもちます。大人が気にしないようなありふれたものにも関心をもち，さまざまな質問を投げかけたりします。大人に比べて子どもは知らないものが多いため，それだけ知的好奇心を引き出されることが多いのです。

　そのため，子どもたちが知らないものや子どもたちにとって意外なものにふれるような環境をつくることで，子どもの知的好奇心をさらに刺激することができます。

（4）自己決定の支援

　ある活動をするときに，それを自分で選んでやる場合と他人に決められたことをやる場合では，やる気が異なります。自分でこれをやろうと決めた場合には，動機づけが高まります。一方で，自分で決めることができず，他の人に決められたことをやるという状況では，やる気がでないこともあります。

　このように，自分のやることを自分で決められるか（自己決定できるか）どうかは，動機づけと強い関係があります。特に，ある行動に内発的に動機づけられるためには，それが他人に決められて強制されたものではなく，自分からやろうとする自己決定が欠かせません。

　保育場面では，保育者が活動を決めている部分が大きいので，日常の活動で子どもが自己決定できる範囲は限られています。しかし，自己決定できる範囲を工夫することで子どもの動機づけを高めることができます。たとえば，何かを制作する場合にも，制作するということ自体は保育者が決めていたとしても，具体的に何を作るかを子どもに決めさせることはできるでしょう。そのように，子どもの自己決定の機会を増やし，それを支援するようなかかわりが重要です。

（5）賞罰の効果

　報酬や罰を用いた動機づけは，日常的にもよく行われています。好ましい行動をした場合にごほうびを与え，好ましくない行動に対しては罰を与えることで，好ましい行動を増やし，好ましくない行動を減らすことができるでしょう。これは，外発的に動機づけられた行動といえます。

　しかし，外発的動機づけによる行動は，目的ではなく手段として行われるのであり，ここで見られる好ましい行動もごほうびをもらうためのものです。ごほうびがもらえなくなると行動しなくなってしまうので，行動を継続させるためには，報酬や罰を与え続けなくてはいけません。

　また，賞罰には内発的動機づけを減少させる効果があるといわれています。ある子どもは，本を読むのが好きで，いろいろな本を自分から読みます。これは，読書に内発的に動機づけられていることになります。この子どもに対して，本を読んだらごほうびをあげるようにします。す

ると，最初は報酬については考えずに，ただ好きだから読書をしていた子どもが，だんだんとごほうびをもらえることを期待して本を読むようになってしまうのです。これは，報酬によって外発的に動機づけられた状態だといえます。このように，最初は内発的動機づけだったものが，報酬を与えることで外発的動機づけへと変化してしまうことをアンダーマイニング効果といいます。アンダーマイニング効果は，物質的・金銭的な報酬を与えた場合によく見られるとされています。一方で，ほめるといった言語的な報酬は，内発的動機づけを高めるとされています。つまり，単純に報酬といっても，どのような報酬をどのように与えるかによって，その影響は異なってくるのです。

引用文献

Atkinson, J. W.　1964　A*n introduction to achievement motivation*. Princeton, New Jersey: Van Nostrand.

厚生労働省　2017年　「保育所保育指針」

Maslow, A. H.　1970　*Motivation and personality*, 2nd ed. New York: Harper & Row.

Seligman, M. E. P., & Maier, S. F.　1967　Failure to escape traumatic shock. *Journal of Experimental Psychology*, **74**, 1-9.

Weiner, B.　1972　*Theories of motivation: From mechanism to cognition*. Chicago: Rand-McNally.

White, R. W.　1959　Motivation considered: The concept of competence. *Psychological Review*, **66**, 297-333.

4 子どもの学びの援助（教育方法）

時間	環境構成	予想される子どもの活動	保育者の援助・留意点
10:00	色の着いたものをホールのあちこちに置いておく。	上手に説明をするにはどうしたらいいか	はっきりとした色のものを準備する。子どもたちが一箇所に集まらないように同じ色のものをいくつも用意する。子どもたちがぶつからないようになるべく大きなものにし，距離をあけて置く。
10:15	ホールに集合する。	ホールに移動する。 ルールの説明を聞く。落ち着きのない子どもがいる。話を始める子どもがいる。落ち着きのない子にはどう接するか 物に触りに行く子どもがいる。色の名前があいまいな子どもがいる。 子どもたちはゲームの全体像をつかめるか	子どもを普段の順番で並ばせる。手遊びで説明を聞く状態にする。 ＜ルールの説明＞ ①ホールの中にあるものをいくつか指し，「あそこにある～は,何色かな」と聞き,色の着いたものがたくさんホールにあることに注目させる。 ②先生の言った色の名前を聞き,その色の着いたものに触りに行くルールであることを伝える。 ③時間制限があることを伝え,

　子ども集団を相手に，大人が教育・保育の意図をもってかかわるという基本的なスタイルは，幼稚園・保育所と小学校で共通しています。本章では，第1に教授・学習法に関する教育心理学のオーソドックスな理論を紹介します。第2にそれらの知見も参考にしながら，乳幼児を対象とする場合に流用できるテクニックとは何かを考えます。第3に発展的な教育・保育をめざし，近年，注目されている情報機器の活用の可能性についてふれます。

1. 教える状況や内容の分類

　教える方法にはどのようなものがあるのでしょうか。最初に，大きな視点からとらえ，誰が誰に何を教えるのかという教え方の分類について見てみましょう。

　まず，誰が教えるのかという点ですが，一般的に教育や保育の専門家（保育士と幼稚園教諭）がその任にあたるのが原則です。近年では，複数の教諭や保育者が授業や保育にあたるチーム・ティーチングが一般的になってきています。たとえば，副担任の役割を担う教諭がクラスの運営をサポートしたり，授業のアシスタントとして複数の教諭が参加したりすることがあります。広い意味で，加配の教諭や保育士もチーム・ティーチングに含んでよいでしょう。

加配
　保育士や教諭を通常よりも多く配置すること。

　また，誰に対して教えるかという点については，保育の場合にその対象が乳児，幼児であることは自明です。しかし，子どもたちとどのような単位でかかわっていくのかによって分類が可能であり，それによって教育や保育の方法はだいぶ異なってきます。学習者全体を特に区別せずに行うのが一斉学習です。これは能力評価やクラス分けの手間がいらない代わりに，さまざまな能力や習熟度の学習者が対象となった教授・学習となるため，その教材開発や準備が難しくなります。特に保育では，同じ年齢集団内の発達差が激しく，同じ活動を一斉に行うことが困難なケースも多々あります。このようなときに，ある程度，発達段階や習熟度別にグループを形成しかかわりや教授・学習を行っていく方法もあります。これは分断学習とよばれ，たとえば，大学や短期大学の保育者養成校などで行われているピアノの授業などは，このように習熟度別にクラスやグループを編成しているところが多いようです。しかし，分断学習であっても，グループ内の子どもたちの発達段階や習熟度は厳密に一定ではありません。より個々の状態に対応可能であるのが個別学習です。現在の保育の現場では，一斉学習を基本とし，副担任や加配の教諭によって個別の乳幼児に対応するという形が多いようです。また，むしろ子どもたちの発達差や能力差を，広い意味での個性ととらえ，積極的に個性とふれあうことが大切であるという考えもあるようです。たとえば，縦割り保育として異年齢の集団を区別せずに積極的な交流の場を設けている園があります。小学校以降でも無学年制という形で取り入れている学校があります。

　最後に，何を教えるかという問題があります。学習者が学びたいものだけを学ぶ方法を，自由に好きなものを食べることができるカフェテリアになぞらえ，カフェテリア教育とよびます。カフェテリア教育では，学習のねらいに対して重要なものと比較的重要でないものの区別がなさ

れないという批判もあります。逆に，全般的な教育をめざす教育を全人的教育とよびます。特に義務教育ではない高等学校や専門学校・短期大学・四年制大学の教育においては，カリキュラムの上でカフェテリア教育と全人的教育のバランスが重視されています。自ら受講する授業を選択することができるいっぽうで，非専門科目の取得単位数や専門科目の必修単位が決まっており，ある程度の選択の自由を残しつつも，カフェテリア教育に偏らない体制を保っています。保育所や幼稚園でも，自由保育を中心として，子どもたちの自由な意思によって遊び，学ぶことを推奨する園もあれば，いわゆる教育園のように，子どもたちの具体的な学習到達点を定め，厳密なカリキュラムを組んでいる園もあります。

2. 代表的な教授法

　具体的に教諭や保育者は，子どもたちに対してどのような方法で教育を行うのでしょうか。ここでは教育心理学で，よく取り上げられる代表的な教授・学習の方法を紹介します。これから紹介する教授学習の方法は，主に小学校以降のクラス単位の授業で実施されることを前提としたものです。したがって，幼児教育や保育の現場で必ずしもそのまま実施できるものばかりではありません。しかし，教育の基本的な考え方やヒントが多く含まれています。

(1) 有意味受容学習 (meaningful reception learning)

　学習者に対して個別に教えるよりも，少数の教員が多数の学習者に対して一斉に行う講義形式の教授の方が，時間的に効率がよくなります。これを受容学習とよびます。しかし受容学習は，学習者が学習の内容をただ暗記するのみで表面的な理解にとどまってしまう危険性もはらんでいます。有意味受容学習とは，受容学習を基本としながらもより深い理解を促すよう工夫された教授方法です。発案者のオーズベル (Ausubel, D. P.) は，後述のプログラム学習や発見学習に対して，学習とはよりまとまりのある組織化された知識として習得されるべきだと批判しています。

1) **スキーマ**　　有意味受容学習では，その知識の組織化のために，スキーマの形成が重視されています。スキーマとは知識の枠組みのようなもので，我々はスキーマを用いることで，高速な情報の理解や伝達ができます。すでにスキーマがある場合には，後の情報を既存のスキーマにあてはめていくので，非常に処理が速くなります。これをトップダウン処理とよびます。また逆にスキーマがなく，得られた情報を組み上げて最初からスキーマをつくり上げていく処理をボトムアップ処理といいます。

スキーマ
　正確には，過去の経験から構造化された認知的な枠組み。

トップダウン処理・ボトムアップ処理
　トップダウン処理は概念に基づいて処理が行われるため概念駆動型処理ともよばれる。また，ボトムアップ処理は得られた情報から処理が行われるため，データ駆動型処理ともよばれる。

図4-1　この図はどうやって説明すると伝わるか

　たとえば，図4-1を見てください。このような図を説明するときに，我々はどんな説明の方法をとるでしょうか。おそらく「四角の中に丸が一つすっぽりと入っている」といった説明をするのが適当でしょう。もしくは，「日本の国旗」と説明しても近い形の図が伝わります。

　しかし，四角形や丸，国旗といったものを知らない（四角や丸，日本や国旗といったスキーマをもたない）相手に対してこの図を伝えるとなると非常に難しくなります。四角形を描くだけでも，「ペンを下に向かって真っすぐ進ませ，90度右に曲がって同じくらい進み，また90度，今度は上に向かって同じくらい進んで，最後は最初の点まで真っすぐな線で結ぶ」といった長い説明が必要となります。このとき，四角形の説明を受けている相手は，できあがりの図がイメージできず，今引いている線が図のどこの部分にあたるのかがわかりません。とりあえず指示通りペンを進ませている状態になります。学習の場合も同様なことが起こりえます。今現在，学習している内容が，いったい学習内容全体のどの部分で，どのような意味をもつのかがわからず，とりあえず暗記するといった学習が行われている状態です。これが有意味化されていない受容学習ということになります。あらかじめ学習全体（四角形）が完全な形でなくても示されていれば，学習者はそれぞれの学習（線）が学習全体の中でどの部分であるのかを理解しながら意味づけを行い，学習を行うこと（トップダウン処理）ができるのです。

　これは明らかな学習の場面に限りません。今，子どもたちと，あるキャラクターの折り紙をつくろうとしています。「まずは，途中まで鶴を折っていって」といってもまず通じません。子どもたちは折り紙の経験が少ないので，他の折り紙の例がなかなか通じないのです。また，今一生懸命折っている部分がキャラクターの耳になるのか，口になるのかもさっぱりわかりません。完成したものを先に見せたり，「ここが耳になるからかわいく折ってね」といった声かけをすることが，今行っている作業の意味づけになるのです。制作であっても，全体像と部分との関連づけがなされることによって，ただ保育者の指示に従って黙々と作業を進めるのではなく，子どもたちはより深く考え，自分なりの工夫をするようになります。

　2）先行オーガナイザー　　授業や学習全体のスキーマの形成をあらかじめ促しておくのに用いられるのが先行オーガナイザーです。代表的

な先行オーガナイザーとして，説明オーガナイザーとよばれるものがあります。これは，新しい学習内容の概要や構造を先に言語的に示すものです。新聞の見出しなどがよい例でしょう。読者はまず見出しを読み，記事のだいたいの内容を理解します。その上で，記事を読み進め，くわしい内容を理解していくわけです。また，入門書や専門書の「はじめに」や「巻頭言」などを一度見てみてください。たいていの場合，「本書では第1章で～について概説する。続いて第2章では…について取り上げ，最後に第3章で…」など，その書籍で扱われている内容について，大まかなかたちで記述されているはずです。また，比較オーガナイザーとよばれるものもあります。すでに学習した内容とどこが同じでどこが異なるのかを比較しながら，新たな学習内容の理解を促すものです。これは，学習者の中にすでにあるスキーマを手がかりに，情報を追加することで，新たなスキーマの形成を助ける方法です。たとえば，セパタクローやインディアカというスポーツを知っているでしょうか。これらのスポーツを説明しようとする場合，それぞれのルールブックを端から説明していくよりも，まずはどのようなスポーツなのか，その大まかな全体像を示しておくと説明された側の理解が早くなります。セパタクローとは足を使ったバレーボールのようなものです。またインディアカとはラケットの代わりに手で打つバドミントンのようなスポーツです。これでそれぞれのだいたいの様子は理解できたのではないでしょうか。重要なのは，これらの説明がバレーボールやバドミントンといったスキーマがない相手には有効ではないことです。つまり，比較オーガナイザーとは，学習者がすでにもっているスキーマを把握し，活用することができれば，学習の組織化にきわめて有効な方法になります。

(2) 発見学習 (discovery learning)

　発見学習とはブルーナー (Bruner, J. S.) が提唱した，児童・生徒自身の創造的活動を中心に現象の法則などを発見していく学習方法です。代表的なものとして仮説実験授業とよばれるものがあります。教師が問題を示し，それに関して児童・生徒が議論を行い，最後に児童・生徒が実験を行って自ら生成した仮説の真偽を確かめるというものです。
　たとえば，図4-2のような2つの器を見せ，どちらの器の方が液体を

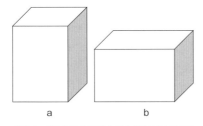

図4-2　どちらの水槽の方が水がたくさん入る?

多く入れることができるのか，児童・生徒に問います。次に，意見が異なる児童・生徒の間で，自分がなぜそう考えたのか，相手の意見に対してどう思うのかなど議論をさせます。最終的には実際に水を入れるように指示し，どちらの器がより多く液体を入れることができるのか，児童・生徒自身が実験をすることで確認します。この例は筆者が小学校時代に体験した仮説実験授業ですが，実験の後，どの部分の長さを測定し，どのように比較したら立体の大きさの大小が判断できるのかという学習に発展していきました。そこでもまた，縦，横，奥行きの長さを測って足すと大きさがわかるという考えや，水が入ることを考えると縦の長さが大事だという意見などが出て，児童の間で議論となりました。最終的に先生から，立体の体積の求め方について講義がありました。

　仮説実験授業は，創造的な思考だけでなく，他者との議論やそれまでの考え方を改めて問うような機会となり，学習経験自体が児童・生徒の印象に残りやすい点が特徴です。受容学習と異なり，最終的な答えや結論に至るまでの過程が経験される点も特徴です。さらに児童や生徒の考える道すじは，学問上の発見過程をなぞるような場合もあります。しかし一方で，発見学習では，受容学習や教師主体の学習とは教師の役割が異なり，非常に難しいのも事実です。まず，教師は何かを教えたり伝えたりするのではなく，あくまでも援助を行う人間であるという認識が必要です。特に児童や生徒が，自ら誤りや可能性に気づくように援助していくことが重要となります。また，児童・生徒の創造的思考や十分な議論のための受容的な雰囲気をクラスや子ども集団の中につくっていかなくてはいけません。

(3) プログラム学習（programmed learning）

　プログラム学習とは，学習の最終到達点までの道筋を，ひとつひとつのステップの学習を確認しつつ進める教授・学習方法です。プログラム学習はスキナーのオペラント条件づけにその基礎があります。一気に高度で複雑な学習を行うのは困難であるために，現在の状態から最終目標までを細かなステップに分け（スモール・ステップの原理），段階ごとに目標行動へと近づけていくことが基本的な考えです。ある学習者が次のステップに進めるほどに学習が行われたのか，それとも，もう一度学習が必要なのかを判断するには，そのステップの学習成果を即時に測定する必要があります。これは即時確認の原理とよばれます。また，この他にも学習者が自ら積極的に学習し解答すること（積極的反応の原理）や，学習者のペースで学習を進めることができるようにすること（学習者ペースの原理）も重視されます。

　プログラム学習では，学習の後に確認を行い，学習が達成されていたら次の学習に進み，そうでなければ前の学習をもう一度くり返すという

直線型プログラムが基本です。しかし確認の段階で，学習者を複数の達成段階や能力レベルに区分することができれば，次の段階の学習でそれぞれの区分に適した学習を提供することが可能となります。このような，細かい学習者区分とそれに応じてプログラム系列を変化させるプログラムは枝分かれ型プログラムとよばれます（図4-3）。

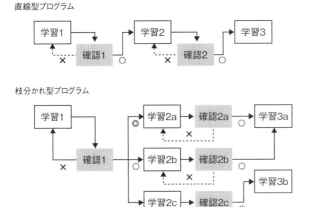

図4-3　直線型プログラムと枝分かれ型プログラム

(4) 協同学習 (collaborative learning)

　集団の中で，お互いに協力して学習を進めていくことを協同学習といいます。中でも，比較的小集団で活発な意見交換を通して学習を進める方法をバズ学習といいます。これは，もともとバズ・セッションという会議の方法を教育現場に応用したものです。数名ほどのグループで数分間の話し合いを行い，その結果を持ち寄って全体討論を行うのが一般的です。ここでは学習者は，リーダーや副リーダー，記録係などといった役割を与えられます。

　協同学習でしばしば問題になるのが，教える側と教えられる側，発言する人と聞く人の役割や関係が固定されてしまう点です。その点を改善した協同学習法がジグソー学習です。お互いに教え合う状況をつくるために，グループに属する学習者はいくつかのパートに分かれ，それぞれ別の教材を学習します（カウンターパート・セッション）。その後，それぞれの学習を行った学習者がもとのグループに戻り協同学習を行います（ジグソー・セッション）。たとえば，学習者は，児童期の学習を行うグループ，青年期の学習を行うグループ，成人期の学習を行うグループに分かれ，学習後にそれぞれのグループに戻ります。そこで各グループが「年齢に関係なく楽しめる交流の場」を企画するというテーマで話し合いを行います。グループのメンバーはそれぞれ異なる情報や知識を持ち寄るため，対等な立場で話し合いに加わることができるわけです。

バズ学習
　「バズ」とはブンブンという蜂の羽音のことで，にぎやかな様子を表す。バズ学習は，積極的な発言が飛び交う協同学習を意味している。

3.　子どもたちの学びを支援するために

　子どもの教育的な援助にかかわる，保育者に必要な技能（スキル）にはどのようなものがあるでしょうか。表4-1は学習指導のスキル要素（田中，1991）を参考に，特に保育者に必要なスキルを抽出したものです。ここでは，先ほどの理論を参考にしつつ，子どもをひきつける保育をするために必要な点を考えてみたいと思います。

表4-1　保育者に必要な学習を促すスキル

子どもとの信頼関係を築く基本的コミュニケーションスキル
　表情や動きに関するスキル
　ジェスチャーや表情などのノンバーバル・コミュニケーションのスキル
　声の大きさや話し方のペース，言葉遣い

子どものやる気を高めるスキル
　子どもの注意を喚起するスキル
　子どもの動機づけを高めるスキル
　クラス運営に関するスキル

子どもの学びを深めるスキル
　ねらいを構造化するスキル
　子どもに最適な目標水準を設定するスキル
　問題を焦点づけ，絞り込む声かけのスキル
　創造的な思考を促す声かけのスキル
　ほめる，しかるスキル

(1)　子どもとの信頼関係を築く基本的コミュニケーションスキル

　子どもたちの保育者と接する様子から，子どもたちが保育者をどのようにとらえているのかがよくわかります。たとえば，お茶が飲みたいときには，どの先生に頼むのが一番いいのか，友だちとスコップの取り合いになってしまった場合はどの先生に訴えるのがいいのかなど，子どもたちはよく知っていて，より適した保育者のもとへと向かいます。実習生のもとに子どもが自然と集まるのかどうかが，実習に慣れたかどうかを見るよいものさしだという話もあります。普段の何気ない振る舞いや保育の様子は確実に子どもの目に映り，保育者と子どもたちとの信頼関係に影響していることを忘れてはいけません。この信頼関係は，教える－教えられる関係，保育する側と子どもたちとのかかわりの基盤となるものです。

　子どもたちと接するときに，自分はどのような表情をしているのでしょうか。また，子どもたちに向かって話をするときに，どのような姿勢と動きで話をしているのでしょうか。ジェスチャーや表情などは豊かな方でしょうか。ことば以外による伝達や会話はノンバーバル・コミュニケーションとよばれますが，ことばの発達・学習過程にある子どもたち

にとっては特に重要となるものです。

　また，話をする際の声の大きさはどうでしょうか。日常生活の中で，他の人に聞き返されることの多い人は，おそらく普段から声量が小さく，保育の現場に出ても，なかなか声が通りません。また，話し方のペースはどうでしょうか。相手によって適度にゆっくりと自然に話すことができるでしょうか。

　これらの基本的なコミュニケーションに関するスキルについては，客観的に自分を観察してみることが大切となります。実際に自分が保育をしている様子や人と話をしている様子をビデオカメラなどで映像として記録し，それを観察してみるのもいいでしょう。

基本的コミュニケーションスキル
　自分の表情などは，鏡の前で笑ったり，喜んだり，怒ったり，悲しんだりしてみることで，どの程度，他人に表情が伝わるかを確認してみるのもよい。

(2) 子どものやる気を高めるスキル

　教育は信頼関係だけで成り立つわけではありません。いくら子どもたちの信頼を集めたとしても，ねらいに向けて子どもたちを援助し，導くことにはそれなりの技術が要求されます。このような技術には子どもに関する知識をもっていることが不可欠となります。

　まず，子どもたちの注目を集めることができるでしょうか。たとえば，絵本の読み聞かせを行う前に，あちらこちらに目を向けている子どもたちの視線を一瞬のうちに引き寄せるような技術です。一般的に，人間の注意は異質なものや不規則なものに向きやすく，声の抑揚や身体的な動きのメリハリが重要となります。つまり，「おや，いつもと様子が違うぞ。何かが始まるぞ」と子どもたちが気づくような声かけや動きが必要となります。実習生や若手保育者としては，少なくとも，得意な手遊びでいくつか異なるパターンのものを準備しておくことなどが必要でしょう。また，どうすれば子どもたちが注目するのかを常に観察しながら試行錯誤していく姿勢も大切です。

　子どもの動機づけはどのように高められるのでしょうか。たとえば，折り紙をやってみようという雰囲気を保育室全体につくっていくにはどうしたらいいでしょうか。また，途中で飽きてしまい，一人で他のことを始めようとする子どもに対して，やる気をもう一度引き出すにはどうしたらいいでしょうか。この点は，子どもの価値構造（何を面白いと感じ，何が優先されるのかなど）や動機づけの基本的なメカニズム（第3章参照）を理解していないとなかなか答えは見つかりません。

　さらに，最初の実習を終えた実習生に多いのが，個々の子どもと楽しく遊ぶことはできても，全体を引っ張っていくことがなかなかできなかったという声です。個人の特徴を足しあわせたものがそのまま集団の特徴になるわけではありません。つまり，クラス運営にかかわるスキルも大切になります。子どもたちひとりひとりの名前を覚えることから始まり，子どもたちの集団の構造（子ども集団のソシオグラムや相互の役割

ソシオグラム
　子どもたちの人間関係を線の結びつきであらわしたもの。詳しくは第6章「2. クラス運営」参照。

モラール
　モラールとは，もともと軍隊における集団のやる気を指すが，クラス集団の雰囲気や風土（スクール・モラール）といったものを表すことに用いられる用語である。

など）を理解することで，誰をほめると集団の士気（モラール）が上がるのか，また誰をしかることで集団の中に緊張が生まれるのかといった点がわかるようになります。この点は第6章のクラス運営（集団）の知識が役立つでしょう。

（3）子どもの学びを深めるスキル

　子どもたちのやる気を引き出した後に問題となるのが，いかに子どもたちの学びを深めるかという点です。子どもたちが興味を示し，積極的に参加しようとしても，その後の活動や教材に発展性がなく，尻すぼみに終わってしまうようでは，困ります。学びの深まりに関連するいくつかの保育者の技能についてふれてみたいと思います。

　第1に，保育者側のねらいを構造化するスキルが必要です。先のプログラム学習でふれたように，最終的な目標は同じでも，個々の学習者の状態によって，そのときに適した目標というものがあります。最終的なねらいに至るプロセスとして，いくつかの小さなねらいを設定し，全体のねらいとの関係を十分に整理しておくことが必要です。構造化がなされていれば，個人差の大きな乳幼児の集団の中で，個々の乳幼児にあった課題や活動を与えたり，またそれぞれに適切なかかわりができたりするようになります。

　第2に子どもの状態やスキーマを理解することが重要です。まずは，一般的に何歳で何ができ，どのようなことが理解できるのかといった知識を理解することが大切でしょう。さらに，実際のかかわりの中で，それぞれの子どものもつ異なるスキーマを把握しておくことも大切です。これは子どもが感じている世界を知ることであり，今のその子どもにとって適した環境とは何かを考える上で，重要な意味をもっています。

　最後に，ねらいの構造化や子どものスキーマの把握ができた上で大切になるのが，実際の子どもとのかかわり方です。教育や保育の目標がしっかりと整理され，対象である子どもの世界を理解した状態とは，あくまで準備ができた段階に過ぎません。いくら計画がしっかりとしていたとしても，実際の子どもとのかかわりでうまくいかないことが出てきます。まず，子どもに伝えたいことを伝えることができるでしょうか。子ども独自のスキーマにあわせて，工夫した説明や説得が必要です。また，問題を焦点づけ，絞り込むような声かけができるでしょうか。逆に創造的な思考を促すような声かけはできるでしょうか。さらに，子どもをほめたり，しかったりすることはできるでしょうか。どの子どもにどのタイミングで，またどのような方法で，ほめたりしかったりすべきなのかに一定の正答はありません。その場を判断し，柔軟に対応していけるスキルが必要になります。

　これらの技能は，実習や就職した後の実際の現場での経験によって得

られる部分と，学校での授業や書籍から得られる知識の両方に支えられます。

4. 情報機器やICTの活用

　幼児教育や保育にマルチメディアを活用しようという試みが近年，見られるようになりました。ここでは，幼児教育や保育に，情報機器やICTをどのように利用していくことができるのか，その可能性を整理していきます。

(1) ICT教育の利点と現状

　そもそも，教育に情報機器やICTを活用する利点とはどこにあるのでしょうか。平田（1997）は教育へのメディア利用の利点として，①メディアによる表現が学習者の動機づけを高める，②たとえばインターネットの活用などにより，情報獲得の機会が拡大する，③よりリアリティのある情報によって直接経験に近いかたちでの代理体験ができる，などを挙げています。確かに子どもたちは目新しいものが好きですし，言語的な情報よりも，視覚的な情報の方がより伝わりやすい傾向にあります。子どもたちが携帯端末を用いてインターネットを利用することのリスクは数多く指摘されていますが，保護者や保育者の監督のもと，使い方を誤らなければ，自らの興味から情報を集めていくことのできる便利なツールになるのは確かでしょう。

　教育の分野における情報機器の活用が本格的に始まったのは，ミレニアム・プロジェクト（1999年）以降です。これは，政府のもとで，全省庁を対象として発足したプロジェクトです。中でも教育の情報化が一つのテーマとして掲げられ，すべての学校の教室にインターネット接続の環境を整備し，教員1人について1台のコンピュータを利用できる環境を整えることが目標とされました。現在では，設置率は100%を超え，小学校から高等学校までのすべての学校にパーソナル・コンピュータ（PC）をはじめとする教育用コンピュータが設置されるに至りました。文部科学省の調査（文部科学省，2023）によると，教育用PC1台当たりの児童生徒数は，小学校で0.9人，中学校で0.8人，高等学校で1.0人と児童生徒数以上のPCが設置されています。さらに高等学校では，情報の授業が必修になるなど，カリキュラムの面でもICTへの対応が進められてきました。さらに近年ではGIGAスクール構想のもとで児童生徒各自が1台の可動式端末（タブレット型やノート型PC）を利用する環境の整備が進められてきました。図4-4のように，公立の小学校や中学校ではすでに9割を超える学校で，全学年または一部の学年で端末の利用が行われています。

ICT
　Information and Communication Technology の略。情報通信技術と訳される。デジタル化された情報をやり取りする技術のことであり，単純にインターネットによる情報の共有を指すこともある。これを活用した教育をICT教育と呼ぶ。

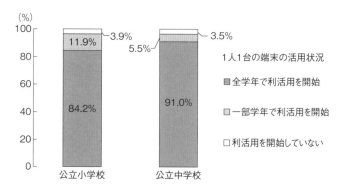

図4-4　1人1台の端末の活用状況（文部科学省（2022）より）

(2) 教育における情報機器の活用

　据え置きのデスクトップPC，可動式のタブレット型やノート型のPC，スマートフォンなどの情報端末は，教育の準備から，教授・学習，そして評価からまた準備へとつながる教育の過程の中で活用されています（図4-5）。

　まず，準備の段階ですが，教諭の授業準備や教材作成にPC等が用いられています。たとえば，文章作成ソフトやプリンターなどを用い，授業資料などが作成されることが多くなりました。また，情報の真偽や著作権の問題を慎重に吟味する必要はありますが，インターネット上のコンテンツを授業の教材として利用することも簡単にできるようになっています。

　続いて，教授・学習の段階では，教諭が教授を行う際に，PC等が利用されることがあります。たとえば，教諭の音声による説明だけでなく，文字をスクリーンに映し出したり，動画などを流し，よりリアリティのある説明を行ったりすることが可能になります。その際には教室に設置されたプロジェクターがよく利用されます。このように，教諭による教授行動にコンピュータを活用することをCMI（computer managed instruction）とよんでいます。一方で，学習者が自主的に学習することを支援するために，情報機器を用いることもあります。先に紹介したように，すでに小中学校では，児童生徒各自が1台の可動式端末を利用するのが当たり前になりつつあります。特に，プログラム学習などでは，個別の学習進度にあわせて教材や学習内容を変化させるので，PCや個別に利用できる端末を通した管理が大変便利です。このように学習者の学習をコンピュータによって支援することをCAI（computer assisted instruction）とよびます。

　さらに，授業や学習の評価でも情報機器は活躍します。たとえば，教諭の教授行動が適切であったかどうかを見るために授業評価が行われたり，学習者にとって効果的な学習が行われたかどうかを確認するため，

プロジェクター
　映像を拡大してスクリーンに投影する機器。多くの人々が同時に資料を確認するために用いられる。主にPCと接続して使用する。

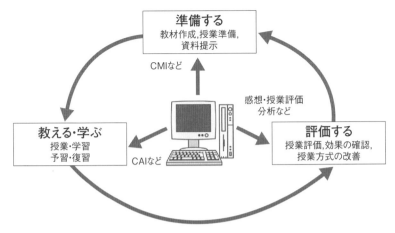

図4-5　教育の過程とコンピュータ支援

テストが実施されますが，教諭はそれらを分析・整理しなくてはいけません。これには，表計算ソフトが活用されます。最近では，AI 技術の進歩によって，数値データだけでなく，文字や文章などを分析するソフトウェアも開発が進んでおり，授業に対する学習者の感想などを PC 等で解析することもできるようになりました。これにより，子どもたちとかかわる教諭の直感的な評価だけでなく，客観的なデータに基づいた評価を短時間で行うことが可能になっています。これらの評価は，続いて，次の授業の組み立てや準備に生かされるわけです。近年ではさらに，情報端末が当然のようにインターネットに接続できるようになりました。ネットワークでつながることにより情報の共有が容易となり，情報端末の活用の幅も広がっています。上記のような 3 つの段階でも，ICT は欠かせないものとなっています。

AI 技術
Artificial Intelligence（人工知能）を用いた技術のこと。従来，人間が知能を用いて行ってきた作業をコンピュータが代わりに行うことを可能にした技術。

(3) 幼児教育・保育と ICT の活用

では，幼児教育や保育の現場ではどうでしょうか。幼稚園・保育施設を対象にした調査の結果（こども DX 推進協会，2023）を紹介します。

> **保育施設の ICT 導入状況（こども DX 推進協会（2023）より）**
> 全国の認可保育園，認定こども園，幼稚園，認可外保育園などを対象に調査を実施したところ，1193 施設より回答が得られた。ICT を活用している業務で最も利用率が高かったのは「登降園時間の記録・管理業務」（87.0%）であり，「保護者への連絡業務」（83.3%），「保護者からの欠席・遅刻の受付業務」（78.7%），「午睡チェックの記入・確認業務」（57.8%），「保育日誌の作成」（52.1%），「指導計画の記録業務」（49.5%），「連絡帳の記入・確認」（48.7%）と続いた。このような ICT の活用によって，当日の出席人数の確認の作業に手間や時間をかけずに済むようになった点，配布物の印刷や仕分け・配布，保護者の電話対応などの負担も軽減された点，午睡チェックの管理や確認も容易になった点など，業務が改善されたと感じる施設が多数を占めていた。一方で，送迎バスや職員の出退勤管理，職員間の事務連絡，保育料・延長保育料の計算業務などは，相対的に ICT の利用率が低い傾向にあった。

　幼児教育や保育の現場では，ICT が積極的に活用されている様子がわかります。ただし，この報告に見られるように，ごく限られた用途で用いられているのが現状です。特徴をまとめてみると，第 1 に，情報端末や ICT は主に幼稚園や保育所の運営にかかわるもの（事務手続きや運営組織内の連絡用），また保護者への連絡やお便りなど，乳幼児と直接かかわらない補助的な使用に限定されています。第 2 に，幼児教育・保育の現場では小学校以降の学校段階と比較して，情報端末の設置率が低い傾向にあります。子どもたち一人一人が端末を利用している園や施設は多くありません。第 3 に，少数ながら情報機器を幼児教育に活用しているケースでは，あくまでも遊具の一つとして活用しようという場合と，早期の情報教育を意図している場合に大別されます。前者の場合は，特に情報機器である必要もなく，さまざまな遊具の中から幼児が選ぶことのできる選択肢を広げるために設置されています。一方，後者は早くから情報機器や ICT にふれることで，小学校以降の情報教育で苦手意識をもたせず，また情報化社会に遅れをとらないようにというねらいがそこにあるようです。

　先ほどの 3 つの教育の過程にあてはめてみるとどうなるでしょうか。まず準備する段階では，幼稚園や保育所の運営や保護者との連絡のために情報端末や ICT は利用されており，教育や保育の環境を整えるという意味では比較的活用されていることになります。しかし，教える・学ぶ段階については，積極的に情報端末を取り入れている園は少数のようです。また，評価する段階でもあまり活用されているとはいえないようです。このような現状から，幼児教育や保育では，まだまだ ICT の活用の余地が残っていることがうかがえます。就職した保育者が，「最近の人は情報機器に強いはずだ」と ICT にかかわる仕事を一手に任されたという話もよく聞きます。幸い，高等学校や保育者養成校においてそれらにふれる機会は多くなりました。これからの保育に益々必要とされていくという認識をもち，積極的に学んでほしいと思います。

引用文献

平田啓一　1997 年　「メディア」　平田啓一・町田隆哉（編著）『教育の方法と技術』　教育出版　69-73 頁.

こども DX 推進協会　2023 年　「保育施設の ICT 導入効果に関する調査レポート」

文部科学省　2022 年　「端末利活用状況等の実態調査」

文部科学省　2023 年　「学校における教育の情報化の実態等に関する調査」

田中博之　1991 年　「学習指導の方法」　大野木裕明・森田英嗣・田中博之　『教育の方法と技術を探る』　ナカニシヤ出版　32-35 頁.

5 子どもの能力の理解（教育評価）

時間	環境構成	子どもの活動	保育者の援助・留意点	実習生の動き・気づき
10:30		○間違い探しパズル	・「一匹だけちがう動物にマーカーで○をつけます」と言い，黒板にクマの絵を描き，○をつけ，わかりやすく活動の説明をする。	・子どもと一緒に説明を聞く
		・保育者の問いかけに対し，「パンダ」と答えたりし，反応する。	・ひとりひとりの本を見て回り，やり方がわからない子と一緒に○を書く。	・子どもの様子を観察し，必要に応じて声かけをする。
		・言われたとおり，クマだけに○をつける子もいるが，パンダにもクマにも○をつけたり，他のページに落書きをする子もいる。	『よくできた』とはどういうことか ・複数に○をつけてしまった子には，ちがう色でもう一度クマに○をつけるよう促す。	・正解の子どもに，「よくできたね」「他のお友だちより早くできたね」などと声かけをする。 ・間違えた子と一緒にやり直す。
		『間違えた』子どもにどのように伝えたらよいか		

保育現場では，子どもはいろいろな活動を行います。活動を通して，早くできた，時間がかかった，きれいにできた，など，いろいろな評価がついてきます。評価には，どのような意味があるのでしょうか。本章では，保育現場で「評価」をどのように扱えばよいのかについて説明していきます。

1. 評価とは

　教育評価とは，広義には，教育活動に直接，間接に関連した各種の実態把握と価値判断のことをいいます（梶田，1981）。そのため評価対象も，子どもだけではなく，保育者，保育内容，保育環境など広範囲にわたります。評価の開示方法も，標準化された検査結果など数値化されたものだけでなく，日頃の親との会話や子どもへのことばがけなども含まれます（表5-1）。

　このように保育現場での評価は非常に多岐にわたります。本書では，子どもの発達を効果的に援助するための評価として，子どもと直接的に関連した評価のみに焦点を当てて進めていきます。

表 5-1　評価対象と開示方法

評価対象		開示方法
子どもの成長発達	運動，知能，性格など	健康診断，知能検査，性格検査，乳幼児健診など
保育の成果	保育活動	日頃のことばがけ，親との連絡帳
環境	保育環境，家庭環境など	行政指導，第三者評価，自己評価
保育者	保育者の適性，研修など	保育者間の相互評価，自己評価など
管理	職員管理，施設管理など	行政指導，第三者評価など

2. 評価の目的

　保育者が，保育活動を通して子どもを評価する目的としては，次のようなことが挙げられます。

　1) 保育者が，ひとりひとりの子どもの知識や技能の獲得の程度を知る。

　このことにより，ひとりひとりの子どもの理解を深めることができます。また，個々の子どもに対して適切な対応の方法を考えることができます。

　2) 保育者が，子どもの知識や技能の獲得の程度を，親や子どもにフィードバックする。

　保育者と親がともに子どもの成長を喜ぶことができ，保育者 - 保護者間の関係性を維持することにつながります。さらに親が子どもの成長を知ることができ，家庭での適切な対応を促すことにつながります。また，子ども自身が自分の成長を知ることにより，保育活動への動機づけを高めることができます。

　3) 評価の結果を，保育目標や保育計画を改善するための資料にする。

　保育者は，子どもの発達や個性に適した保育を行わなければなりません。そのためには，自らの保育を日頃から省みることが大切です。保育

中の子どもの反応や，子どもの活動の成果を評価することにより，保育者自身が子どもが興味をもつような保育ができているか，子どもの能力にあった保育ができているかを反省することができます。

3. 評価基準

　教育基準をどこに置くかによって，絶対評価，相対評価，個人内評価の3種類に分類されます。

(1) 絶対評価

　絶対評価とは，保育・教育目標にどれだけ到達できたかを基準にしたものをいいます。学校教育では，テストの素点などが絶対評価となります。100点満点のテストの場合，100点を教育者が立てた到達目標とすると，80点を取った場合，その到達目標に80点分到達できているということになります。保育現場では，子どもにここまでできてほしいというねらい（保育・教育目標）のもとに日案，週案，月案などを立てていくことになります。実習の場合は，責任実習で指導案を立てる際，「ねらい」を書く欄があります。その「ねらい」こそが，その指導案における保育目標となります。そのねらいに対して，どれだけ子どもたちが到達できたかを評価するのが絶対評価となります。

　絶対評価の結果を子どもたちにフィードバックすることにより，子どもたちはどこまで到達できたかを理解することができ，自分の足りないところまたはできたことを確認できます。保育現場では，「ここをもっとこうするとよかったね」などということばがけにより，到達できなかった部分を示すことができたり，「とても上手にできたね」などということばがけにより，保育者の立てた目標に到達できたことを伝えたりすることができます。

　また絶対評価は，保育者が立てた目標に子どもたちがどこまで到達できたかを知ることができることから，保育目標が保育対象となっている子どもたちにとって適切であったかどうかを確認することができます。もし全体的に評価が高すぎたり低すぎたりした場合は，保育対象者の能力に適した保育目標ではなかったということが考えられます。また，評価が低かった場合は，保育方法が適していなかったことも考えられます。このように，絶対評価の結果は，保育者が立てた保育目標や保育計画が適したものであったかを反省する材料となります。

　しかし絶対評価は，評価者の決めた保育目標および評価基準によりなされるため，評価者の主観が入りやすいという欠点があります。

（2）相対評価

　相対評価は，子どもが所属する集団の中で，どこの位置にいるかを基準にしたものをいいます。順位で示されるもの，偏差値，パーセンタイルで示されるものが相対評価です。

　保育の現場では，かけっこなどで順位をつけたりすることが相対評価にあたります。また，「誰が一番になるかな？」「○○くんが一番きれいにできたね」などのことばがけは，相対評価を意識したものとなります。

　相対評価は集団内の位置を判断するものであるため，評価基準に左右されません。また，評価者の主観も入りにくく，客観的に判断ができるという長所があります。しかし，相対評価では，目標への到達度を知ることはできず，保育目標や保育方法の改善には役立ちません。また，同じ年中児でも月齢によって発達にはずいぶんの差が出てきます。そのため，たとえば月齢の遅い子どもがかけっこを一生懸命努力しても，月齢の早い子に勝つことができないなどということも出てきます。このように，子ども個人の努力が見失われてしまうことがあります。

　現在では子どもに順位づけをすることにより，優劣をつけてしまうということから，保育の現場で相対評価を排除しているところも少なくありません。しかし，子どもは競争して一番になることに非常に強い関心を示します。子どもの動機づけを高めるために，競争を保育で活用することも時には有効です。さらに，秀でた能力を示す子どもを適切に評価したり，他の子どもよりもできないものをもっている子どもに対してできるよう援助するという，子ども間での社会性の発達にも，相対評価は有効であると考えられます。

　しかし先にも述べたように，相対評価は子どもの優劣をつけてしまいかねないことから，いじめにつながる可能性もあります。また，いくら子どもが努力しても常によい評価を得られない場合には，学習性無力感などを引き起こしてしまうことも考えられます。相対評価を用いる際は，保育者は評価後の子どものフォローに細心の注意を払わなければなりません。

（3）個人内評価

　個人内評価は，過去と現在や異種の課題間での比較を基準にしたものです。1ヶ月前と現在を比較し，どれくらいできるようになったかという，子どもの成長や発達を知ることができます。また，かけっこは遅いけれども歌は上手など，子どもの得意分野や不得意分野を知ることができます。「前よりずっと上手になったね」「前はにんじんが一口も食べられなかったけど，一口食べられるようになったから，がんばったね」などのことばがけは，個人内評価を意識したものになります。

偏差値
　平均＝50とし，平均からどれくらい離れたところに位置しているかを算出したもの。

学習性無力感
　失敗や成功をくり返すことにより，「どうせやっても意味がない」といった無力感を学習してしまうこと。

　個人内評価は個人をもとにした評価なので，子どもの個性を生かした保育に効果的です。特に絶対評価や相対評価ではどうしても低い評価しか得られないような，発達の遅い子どもには有効です。しかし，独りよがりの解釈になってしまうため，子どもを客観的に評価することには適していません。

4. 評価の時期

　評価の目的により，評価するべき時期が異なります。評価時期により，診断的評価，形成的評価，総括的評価の3つに分類されます。

(1) 診断的評価
　診断的評価は，保育活動開始前に事前にどの程度知識をもっているか，技能を習得しているかを確認するためのものです。この評価は，今後の保育目標や保育計画を立てていくための材料となります。
　入園時の健康診断の検査などは診断的評価です。これは，特別な支援が必要かどうかを判断するための材料となり，入園後の保育方針を立てるための材料となります。

(2) 形成的評価
　形成的評価は，保育の途中に行います。保育者が立てた保育計画や保育方法が，子どもたちに適切なものであったのかを確認し，適切と判断できなかった場合は，保育方法や保育計画の軌道修正を行います。
　保育の途中で子どもたちに「みんなわかるかな？」「まだできていない人は手を挙げて」などと子どもたちの活動の進度を確認しているのは，形成的評価となります。

(3) 総括的評価
　総括的評価は，保育活動が一段落した時点で，活動の成果を把握するために行われます。子どもがどこまで到達できたのかを親や子どもに明らかにすることで，今後の活動の目標の見通しを立てることができます。また，子どもたちの活動の成果を確認することで，保育者の保育目標や保育計画が適切であったかを振り返り，今後の保育に生かすことができます。
　学校教育の現場では，期末テストなどが総括的評価にあたります。しかし保育現場では，総括的評価として明確に位置づけられるものはあまりありません。強いて挙げるとすれば，生活発表会など日頃の成果を発表する場が，総括的評価の対象となるものでしょう。

5. 保育現場での教育評価の活用

　　学校教育では，知識・技能の習得を主体とした活動が行われているため，教師も児童・生徒やその親も評価するまたはされることを意識して教育が行われています。それに対し保育は，子どもの個性の尊重のもとで，発達を援助することが主たる目的となります。そのため，学校教育ほど評価を明確に示されることはありません。また，保育では，個々の子どもにあわせた発達の援助をしていかなければなりません。そのためには，ひとりひとりの成長の程度を理解し，子どもの性格を考慮した評価をしていくことが必要です。

　　ここでは，保育現場で教育評価を行う際の留意点を挙げておきます。

　　1）保育目標への到達の道筋を明確にする　　たとえば，「上手にできたね」ということばがけは，保育者から見て保育目標にある程度到達できたことを示しています。しかし，どの程度まで到達できているのかということは，このことばがけでは示されません。

　　どの程度まで到達できたかを明確に示すためには，最終的な保育目標への到達のために必要な道筋や下位課題を明示する必要があります（表5-2）。下位課題を明確化することにより，保育目標に到達するまでに必要な課題がどこまでできるようになっているかを，具体的に把握することができます。

表 5-2　ねらいとそこに到達できるための下位課題を示した保育計画例

保育計画	ボール投げ競争
ね ら い	全身を使ってできるだけ遠くボールを投げられるようになる
ボール投げの下位課題	□　両手で下から上に投げあげることができたか □　両手で肩に担いで投げることができたか □　片手で投げることができたか □　一方の足を前に出し，全身を使って投げることができたか

　　2）子どもの状況や個性にあわせた評価を行う　　一つの保育活動を通しても，「とても上手にできたね」という絶対評価，「一番かっこよかったよ」という相対評価，「この前より上手になったね」という個人内評価など，評価を使い分けることができます。

　　表5-3は，表5-2に示した保育計画の結果例です。この結果には，絶対評価，相対評価，個人内評価が網羅されています。ボール投げの飛距離およびボール投げの下位課題ができたかどうかについては，絶対評価になります。また，順位は相対評価となります。さらに，前回と今回の比較は個人内評価となります。

　　どのような保育活動においても，他の子どもよりも時間がかかってし

まう子どもに「自分はできない」という劣等感をもたせないためには，個人内評価が効果的です。また，日頃からボール投げの練習を一生懸命にしている子どもに，どれくらい上達したかをフィードバックするには，絶対評価が効果的です。日頃からおとなしくあまり目立たない子どもが力を発揮した際は，他の子どもから注目されるよう働きかけるために相対的評価を用いることが効果的です。

　このように日頃の子どもの様子や性格などを考慮し，それぞれの子どもに適した評価方法を用いてフィードバックしていくことで，より効果的な保育を行うことができます。

表 5-3　表 5-2 の保育計画における評価例

	今回（○月○日）	前回（△月△日）
ボールの飛距離	95 センチ	82 センチ
順位	15 位（24 人中）	8 位（24 人中）
ボール投げの下位課題		
両手で下から上に投げあげることができたか	○	○
両手で肩に担いで投げることができたか	○	○
片手で投げることができたか	○	×
一方の足を前に出し，全身を使って投げることができたか	×	×

6. 評価の歪み

　評価は必ずしも正確に行われているわけではありません。さまざまな要因によって，評価が歪められたり，歪んだ評価により保育者と子どもの間の関係に影響を及ぼしたりします。

(1) ステレオタイプ的見方
　ステレオタイプとは，現実認識が単純で固定的で偏見を含んでいることをいいます。子どもの特徴をとらえると，その特徴から連想される特定の固定観念にとらわれた理解をしてしまうことがあります。

　たとえば，お絵かきの時間になるといつも落ち着きがなく，すぐに自分の席を離れて保育室を徘徊し始める子どもがいたとします。そこでその子を医師から診断を受けていないにもかかわらず，ADHD だと決めつけ対応してしまったというような例が，ステレオタイプ的見方です。実際は，お絵かきという活動が，子どもにとって苦痛なだけかもしれません。ADHD と決めつけてしまうことにより，正確な評価ができず，本来の子どもの気持ちを見落としてしまうことも考えられます。

ADHD
　注意欠如多動症。多動，不注意，衝動性の症状によって特徴づけられる発達障害。

(2) 光背効果 (ハロー効果)

　ある子どもの特に目立つ好ましい (もしくは好ましくない) 特徴を見つけると，その子どものすべてを肯定的 (もしくは否定的) に見てしまう現象をいいます。これは特定の特徴が目立ってしまうために，子どもの細かい特徴が隠されてしまい，正確な評価を歪めてしまうことになります。後光効果ともいいます。

　たとえば，制作やゲームなどの保育活動で一番早く理解をし，正確に課題をこなしていく子どもに対して，運動発達や社会性の発達も早いに違いないと判断してしまうのは，光背効果です。

(3) 寛大効果

　評価者にとって好ましい特性をもっている子どもに対しては高く評価をし，好ましくない特性をもっている子どもに対しては低く評価してしまう傾向があることをいいます。これは，評価者がどのような感情をその子どもにもつかということで，子どもの正確な判断を歪めてしまうことになります。

　たとえば，いつも素直に先生の言うことを聞く子どもに対して，性格やいろいろな活動の成果も肯定的に見てしまったりするのは，寛大効果です。

(4) ピグマリオン効果

　保育者が子どもの能力などに期待を抱くと，その子どもに対して期待に沿うような働きかけを無意識的に行い，子どももその期待に沿うような成果を上げることをいいます。

　この効果は，ローゼンタールとヤコブソン (Rosenthal & Jacobson, 1968) の研究により報告されました。ローゼンタールらは小学生を対象に一般的な知能テストを行いました。テストを受けた小学生のうちから20パーセントの児童がランダムに選ばれ，これらの児童は学級担任に今後成績が伸びる可能性のある児童であると説明しました。1年後，ここでランダムに選ばれた児童は，他の児童よりも明らかに成績が伸びていました。この結果から，教師の児童に対する期待によって，成績が向上したのではないかと考えられています。

7. 評価の方法

　評価の歪みをできる限り排除し，客観的に子どもを評価することを保育者は意識しなければなりません。そのためには，保育者は子どもを客観的に観察し，ひとりひとりの子どもに対して，できるだけ多くの情報を集めることが必要です。そして，集められた情報を記述し，整理して

いくことが必要です。

　ここでは，子どもの情報を集める方法として，観察法を紹介します。観察法とは，子どもの行動を観察し，それを記録，分析していくことで，子どもの行動の特徴を解明する方法です。ことばの発達が途上にある乳幼児期の子どもにとって，自分の状況を相手に伝えることは非常に困難です。そのため，この時期の子どもには観察法は非常に有効な方法です。

　①時間見本法

　一定の時間を区切り，その時間内に生起する子どもの行動を観察する方法です。

　（例）自由遊びの時間を一定期間区切り，子どもの遊びの中で見られ
　　　　る行動を記述する。

　②事象見本法

　特定の行動に焦点をしぼり，その行動がどのように起こりどのような経過をたどっていくのかを観察する方法です。

　（例）子どもの集団遊びに焦点を当て，子ども同士で展開させていく
　　　　遊びのプロセスを記述する。

　③参与観察法

　子どもの活動に保育者も参加しながら，観察する方法です。外からの観察ではわかりにくいことがらについての情報を集めることができます。

　（例）子どもと一緒に遊ぶ中で，子どもがどのような思いをもってい
　　　　るのかを記述する。

引用文献

梶田叡一　1983 年　『教育評価』　有斐閣双書

Rosenthal, R. & Jacobson, L.　1968　*Pygmalion in the classroom: Teacher expectation and pupil's intellectual development.* New York: Holt, Rinehart & Winston.

6 クラス運営（集団）

時間	環境構成	子どもの活動	保育者の援助・留意点
9:00	ホール	○自由遊びをする。 ・粘土遊び，ままごと，ごっこ遊び，ブロックで遊ぶ，人形遊びなど。	・子どもたちと一緒に遊びを楽しみ，遊びを展開する。 ・遊びに入れない子どもには，好きな遊びに入れるように援助する。 ・トラブルが起きたら，子ども同士で解決できるようなことばがけをする。

遊びに入れない子どもには，どのような援助が望ましいのか。

子ども同士のいざこざにはどのような意味があるか。

　保育場面は集団で活動する場面です。子どもたちはお互いにさまざまなかかわりをもち，その中で多くのことを身につけていきます。保育者は，クラス集団やその中の子どもに適切にかかわり，保育をしていかなくてはいけません。それでは，子ども同士のかかわりとはどのようなものがあるのでしょうか。また，保育者はどのように子どもたちとかかわるべきなのでしょうか。本章では，クラス内での人間関係について見ていきます。あわせて，保育者に求められる資質についても考えたいと思います。

1. クラス集団でのかかわり

　保育場面では，集団で活動をすることが多くなります。入園するまで子どもたちは，家族の中で生活し，親とかかわりをもつ時間が長いのですが，保育場面では他の子どもたちとかかわるようになります。親や保育者などの大人とのかかわりでは，相手が配慮することもあり，子どもの主張がかなえられることも多いでしょう。しかし，他の子どもたちは自分と同じ年齢の存在であり，対等な関係になります。対等な子ども同士での関係では，自分の主張が通らない場合もあれば，それがきっかけとなりいざこざが生じることもあります。

　このように，保育場面でのクラス集団ではそれまでと異なる人間関係の中でうまく他者とかかわっていくことが必要になります。では，保育場面での子ども同士のかかわりにはどのようなものがあるのでしょうか。それに対して，保育者はどのように配慮しなくてはならないのでしょうか。

(1) 遊びの中での人間関係

　子どもの遊びにはさまざまな意味があり，遊びを通じてさまざまな側面が発達していきます。たとえば，遊ぶときに体を動かすことで身体的な機能が発達したり，遊びの中で工夫したり考えたりすることで知的な発達が促されたりします。また，遊びは一人で行うものばかりではありません。他の子どもと一緒に遊ぶ中で社会的な能力も発達していくのです。

　パーテン（Parten, 1932）は，2～5歳の子どもの自由遊びを観察し，遊びへの参加の形態を「ほんやりしている」「傍観」「ひとり遊び」「並行遊び」「連合遊び」「協同遊び」の6種類に分類しました（p.12, 表1-4参照）。

　そしてパーテンは，年少の頃はひとり遊びや並行遊びのような他の子どもとかかわりの少ない遊びが多く，年齢が進むにつれて連合遊びや協同遊びなどの集団遊びが多くなると述べています。必ずしも順番に一つずつ進むというわけではないのですが，全体的な傾向としては，他の子どもとのかかわりが多くなっていきます。

　しかし，一緒に遊ぶためには他の子どもの遊びに仲間入りをする必要があります。また，集団遊びでは，遊びの中でのルールや役割，共同作業などが生じてきます。これらがうまくできない場合，他の子どもとうまく遊べなかったり，孤立してしまったりすることになります。遊びを始めるときにも，遊びを続けていくにも，他の子どもと適切にかかわることが重要になります。

　保育者としては，子どもの発達にあわせた配慮が必要となるでしょう。子どもが安全に楽しく遊べるような環境構成や雰囲気づくりを考えることが必要です。そして，発達が進み，集団遊びが見られるようになったら，子ども同士の関係に配慮することが重要です。他の子どもと遊びたいのに遊べない子や他の子どもとの遊びに興味を示さない子などに対するかかわりなど，子ども同士の人間関係に配慮した保育が求められます。

（2）自己主張と抑制

　自己概念が発達していくにつれて，「〜がやるの」「〜のもの」といった自己主張を激しくするようになってきます。「イヤ」「ダメ」というように否定的な反応をすることもあります。これを第1反抗期とよびます。このような自己主張は，自己の発達には非常に重要です。親や保育者としては，子どもの自己主張を受けとめ，尊重することが求められます。しかし，子ども同士の関係の中では，自己主張がいざこざの原因となっていくこともあります。

　たとえば，ものや場所の取り合いなどが，しばしばいざこざの原因となります。はじめは，自分の主張や欲求をコントロールできないことも見受けられます。しかし，そのようないざこざを経験する中で，ものを順番に使うといった解決方法を見つけたり，自分の欲求をがまんするようになったりします。

　柏木（1988）は，自分をコントロールする自己制御機能を自己主張・実現と自己抑制に分けています。自己主張・実現とは，自分の意思や目標を主張することです。それに対して自己抑制は，自分の欲求や感情などを必要なときにおさえることです。この2つはともに重要なものだと考えられていますが，保育場面でのいざこざは，これらを身につけるための経験の場と考えることもできます。

　子ども同士のいざこざは，よくないものであるという見方もあるかもしれません。しかし，いざこざは人間関係の中では必ず生じるものですし，それを経験する中で自分を主張したり抑制したりすることを学ぶことができます。また，他の子どもを援助するといった向社会的行動を示す子どももいます。過剰ないざこざは避ける必要があるでしょう。しかし，いざこざをなくすことをめざすのではなく，いざこざの中で子どもたちがどのような経験をし，どのような発達をしているのかを見きわめることで，子どもたちの適切な発達を促すことができるのではないでしょうか。

第1反抗期
　これに対して，青年期の親子関係にみられるものを第2反抗期とよぶ。

向社会的行動
　向社会的行動とは，他の人を助けたり，他の人のためになることをしようという自発的な行動を指す。他の人に何かを分け与えたり，他の人を援助したり，他の人を慰めたりといった行動のことである。

2．クラス運営

　クラスの中には，子ども同士の関係だけではなく，保育者と子どもと

の関係もあります。子ども同士が対等な人間関係であるのに対して，保育者と子どもとの関係は，保育を受ける／与えるという意味で対等ではありません。保育者には，子どもを保育する専門家としての役割が期待されます。

　先生が子どもに与える影響としては，ピグマリオン効果という現象が知られています。先生が子どもに対してどのような期待を抱くかが，教育の効果に影響するというのです（p.62 参照）。

　このように，保育者が子どもに及ぼす影響は大きいものですが，保育者は直接的な行動で子どもにかかわるだけではありません。クラスの構造や雰囲気をつくり，人的な環境を構成することも重要な役割です。では，クラス運営においてどのような点に考慮する必要があるのでしょうか。

（1）クラス内の人間関係の理解

　クラスの人間関係を調べる手段としては，ソシオメトリック・テストというものがあります。これは，たとえば遊びの場面などを取り上げて，そのときに一緒に遊びたい子はだれかを尋ねるというものです。選ぶ人数は，一人だけを選ばせる場合もありますが，人数を決めて複数選択させる場合も，人数に制限をつけない場合もあります。また，選ぶのは他の人と相談せず行い，他の人にだれを選んだのかが伝わらないようにしなくてはいけません。

　結果は，ソシオ・マトリックス（図6-1）やソシオグラム（図6-2）といった形にまとめます。ソシオ・マトリックスでは，だれがだれに選ばれたのかを表にまとめます。表の左側に選ばれた子が示されているので，表を横に見ていって○の多い子は多くの子から選ばれていることを意味します。例では，Fが4名から選ばれています。一方で，Eはだれからも選ばれておらず，孤立していることがわかります。

		選 ん だ 子							
		A	B	C	D	E	F	G	H
選ばれた子	A							○	○
	B			○					
	C		○				○		
	D					○	○		
	E								
	F		○	○	○	○			
	G	○			○				○
	H	○						○	

図6-1　ソシオ・マトリックスの例（2名を選択させた場合）

　また，ソシオグラムでは，全体の構造を把握することができます。例では，A，G，Hの3人が相互に選択しあっており，他の子どもとは独立したグループを作っている様子が見てとれます。

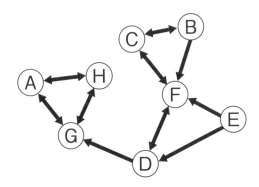

図6-2　ソシオグラムの例

　このように，ソシオメトリック・テストを行うことで，子どもたち同士の関係を把握することができます。しかし，ソシオメトリック・テストを行う場合には，注意も必要となります。ソシオメトリック・テストでは，子どもたちにクラスの中の他の子どもたちを選択させます。それによって，それまで漠然と感じていた自分の好き嫌いをはっきりと意識するきっかけになる場合もあります。そのことがその後の子どもたちの行動や，クラスの人間関係に影響することも考えられます。「一緒に遊びたくない」といった，ある子に対する拒否や排斥を聞く場合には，特に配慮が必要です。

　また，ソシオメトリック・テストの結果の解釈も慎重に行う必要があります。たとえば，「一緒に遊びたい子」を聞いた結果は，あくまでその時点での「遊び」という行動に対する選択です。それは，変化する可能性もありますし，他の行動の場合は別の子が選ばれるかもしれません。加えて，質問はあくまで「〜したい」という希望を聞いているのであり，実際に遊べているかはわかりません。遊びたいけど遊べないということもあるでしょう。

　ソシオメトリック・テストの利用に関しては，以上のような点を十分に理解し，必要に応じて実施することが重要です。

(2) リーダーシップ

　保育場面では，少数の保育者と多数の子どもというクラス構成が一般的です。この場合，保育者にはクラスを運営するリーダーとしての役割が求められます。では，リーダーに求められる役割とは，具体的にはどのようなものなのでしょうか。

　レビン（Lewin, K.）たちは，リーダーのタイプを民主型リーダー，放任型リーダー，専制型リーダーの3つに分類しています。民主型のリー

ダーは，集団のメンバーとコミュニケーションや話し合いを行い，活動のやり方もメンバーに任せる部分が多くなります。放任型のリーダーは，あまりメンバーとのかかわりをもたないようなリーダーです。専制型のリーダーは，メンバーの意見などを聞かず，自分の考えで集団を引っ張っていくタイプのリーダーです。レビンたちの研究では，民主型のリーダーがもっともよいとされています。保育場面では，集団のメンバーとなる子どもたちに任せられる部分が少ないため，保育者が決める部分が多くなると思います。しかし，発達の進んだ子どもたちについては，子どもたちに決めさせたり選ばせたりすることを増やすことで，意欲や積極性を高めることができるでしょう。子どもの発達にあわせたかかわり方を工夫することが必要です。

　また，三隅（1984）は，リーダーシップに関する PM 理論を提唱しています。PM 理論では，リーダーの役割として P 機能と M 機能の2つがあるとされます。P 機能とは Performance の P をとったもので，目標達成機能ともよばれます。集団は，その集団としての目標をもっているものですが，その目標を達成するためのリーダーの働きを P 機能といいます。保育場面では，子どもたちが集団で適切な保育を受けることが目標となっています。保育所保育指針や学校教育法などには保育の目標が示されていますが，それらの目標を達成するために，子どもとかかわったり環境を構成したりすることが P 機能にあたります。

　一方，M 機能の M は Maintenance の M になり，集団維持機能ともよばれます。集団とは人の集まりですが，その集団のメンバー間の関係を保ち，集団としてもまとまりを維持する働きとなります。たとえば，子どもたちの話を聞いたり，保育者から話しかけたりすることです。また，子どもたちを平等に扱い，えこひいきをしないといったことも重要です。そのように子どもたちに働きかけることによって，クラスとしてのまとまりをつくることができます。

　PM 理論では，この2つの機能を組み合わせてそれぞれの機能が強いか弱いかで，リーダーの特徴をあらわしています（図6-3）。

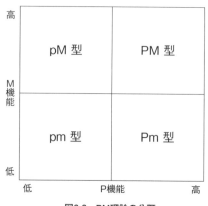

図6-3　PM理論の分類

　それぞれの機能が強い場合を大文字，弱い場合を小文字であらわします。どちらの機能も優れている PM 型の保育者がもっともよいと考えられています。つまり，保育の目的を達成するためには，その目的に直接向かう P 機能だけではなく，子ども同士や子どもと保育者との関係を維持するための機能である M 機能も非常に重要であるということがいえるのです。

3. 保育者の資質

　保育の専門家として，必要な資質とは何でしょうか。まず何よりも「子どもが好き」であることが大前提です。しかし，子どもが好きであればすぐさま保育者に向いているというわけではありません。保育者とは，ただ子どもと遊ぶ大人なのではなく，子どもの学びや育ち，また保護者の子育てを支援する専門家です。

　では，専門家たる保育者にはどのような資質が求められるのでしょうか。ここでは，第 1 に保育者として必要なパーソナリティとはどのようなものか，エゴグラムを用いた調査研究の結果を紹介します。第 2 に，教育実習や保育実習の評価所見欄によく見られる内容から，特に実習生や若手保育者に求められる資質とは何かを整理してみます。

(1) 保育者に求められるパーソナリティ

　保育者にはどのような性格の人物がふさわしいのかについて，後藤・後藤・金澤・高久（2001）の調査結果を見てみましょう。後藤らは，パーソナリティ・テストの一つであるエゴグラムを用い，現役保育者に，これからの保育者に大切な特性とは何かを聞きました。その結果，NP（保護的な親）と A（大人）が同程度で最大になる人物像が選択さ

エゴグラム
　エゴグラム（egogram）とは，アメリカの精神科医バーン（Berne, E.）によって創始された交流分析（transactional analysis）の考えに基づき作成されたパーソナリティ・テスト。人の内面には，親（父親・母親），大人，子ども（自由な子ども，順応した子ども）の 3 つの自我状態が存在し，どの自我状態が優勢なのかに着目したもの。

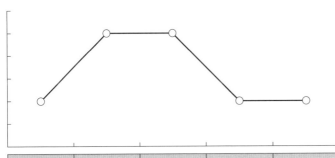

CP 批判的な親	NP 保護的な親	A 大　人	FC 自由な子ども	AC 順応した子ども
懲罰や制限を加える人格的側面。父親的役割。	人の世話などの養育的側面。母親的役割。	事実に基づき思考や判断を行う側面。	もって生まれた自然な状態。欲求のままに行動する側面。	親や先生にあわせて自分を抑えようとする側面。

図6-4　エゴグラムに見る求められる保育者像（後藤ら，2001の結果より作成）

れる傾向にありました。つまり，多くの保育者が，他者の面倒見や思いやりをもちつつも（NP），冷静にものごとをとらえ合理的に判断できる（A）ような人物が理想的であると考えていました。ちなみに 2 番目に多く見られたのが NP のみが高いパターン，そして 3 番目に A のみが高いパターンと続いていました。

　先に述べたように，子どもや人間が好きであり，他人とかかわったり，世話をしたりすることを好んで行うようなパーソナリティの側面は，まず第 1 に重要であると考えられているようです。加えて，A が示すような，冷静にものごとを思考し判断できる大人の部分もまた重視されているのです。

　もちろん，この条件にあてはまらない人が保育者をめざすべきではないと述べているのではありません。大切なのは，自分自身の長所と短所をしっかりと把握し，それを意識しながら保育を行うことです。パーソナリティとは，変化しないものではありません。また，一つのパーソナリティ特性は他のパーソナリティ特性によって補うことが可能です。

（2）実習生や若手保育者に求められる特性とは何か

　では，子どもや他者とかかわろうとする積極的な姿勢や冷静な思考力・判断力とは，実際の保育の現場ではどのようなかたちで求められているのでしょうか。ここでは，教育実習や保育実習の評価として所見欄によく記述される内容を取り上げ，幼稚園や保育園の現場が若手保育者や実習生に求めているものを整理します。

　1）体力と体調管理　「体調を崩すことがあり，保育に集中できずに……」といった記述が見られます。まず何よりも重視されるのは，体力や体調管理の側面でしょう。保育とは子どもの成長を担うだけでなく，子どもの生命を守ることも含まれています。特に保育や幼児教育の現場は小学校以降の学校段階と比較して，その危険性と保護の責任が大きい現場です。子どもとしっかりとかかわることができる体力と健康状態を有していることが重要となります。そのためには，日々の生活の中で自ら体調をしっかり管理できることが大切です。近年，実習中に体調を崩す実習生が多くなったという声も聞かれますが，その原因として朝食をはじめとする食生活の乱れなどが指摘されています。自分自身の普段の生活スタイルを一度見直してみてはどうでしょうか。

　2）基本的なコミュニケーション能力　子どもたちと自然な笑顔でかかわることができるかどうかです。「常に笑顔で子どもたちに人気でした」「あまり笑顔が見られずに子どもも怖がってしまい……」などと笑顔に関して多くのコメントが実習の所見欄に見られます。ただ笑えるということではなく，子どもたちにとって，優しさや温かさを感じられる笑顔なのかどうかという点も重要でしょう。時にこれは「好感がもて

る笑顔」と表現されることがあります。また，これは子どもたちだけでなく，大人との関係にも大きな意味をもつもので，実習時や職場での先生たちとの人間関係，また保護者との関係にも大きくかかわる点でしょう。

3）適 応 力　「なかなか緊張が取れずに自分を出せずにいた」「最初から園の様子を理解しようと努め，てきぱきと動くことができた」といったコメントも見られます。緊張が解けるまでに時間がかかるのか，それとも早くから慣れ，自分らしさが出せるようになるのかという点は新しい環境への適応力にかかわる問題です。特に最初の実習や就職直後において，重要となるものでしょう。また，単に慣れるという問題だけでなく，幼稚園や保育所の一日の流れの把握がすばやくできるのか，また，それぞれの保育の基本姿勢（園の方針や宗教的背景など）や保育・教育の方法（縦割り，自由保育など）がすばやく頭に入るのかといったことにもかかわる大きな問題です。

4）観 察 力　「子どもをもう少し観察してみれば……」「保育者の動きをよく見ており，よく気がついていた」といった観察力についての観点です。実習が観察実習から始まるように，やはりまずは子どもをじっくりと観察することから保育は始まります。このとき，特定の子どもの様子を詳細に観察すること，逆に子ども集団全体を観察することの両方が重要となります。観察対象は子どもだけではありません。他の保育者の行動を観察することもまた重要です。そのような観察は，保育者とお互いの作業を手伝いあうことを可能にします。つまり，観察力は，保育者の連携には欠かせない特性です。

5）学びや成長への姿勢　「何をしていいのかわからず立っていることが多かった」「積極的に子どもたちとかかわろうとしていました」という積極性の問題です。これは，学ぼうとする姿勢があるかどうかです。これは実習生であれば，実習を通して成長し実りある実習になるかどうかを決めるものです。また，現役保育者にとっては日々の保育を経験することで，失敗や成功をくり返し，その経験を自らのキャリアとして積み重ねることができるかどうかを決めるものでしょう。特に実習生や若手保育者に求められるのは，子どもや保育への積極的なかかわりや，失敗を恐れない気持ちです。また自分の保育に関する具体的な目標があることも重要です。

6）子どもや保育に関する知識・経験　「うまく子どもたちにあわせた課題を用意できずに……」「年齢ごとに適切な教材を用意しており子どもたちも楽しんでいた」などのコメントも見られます。特に，部分実習や全日実習についての所見として記述されるもので，子どもの年齢や発達段階にあった内容を企画できたかどうかという観点です。対象の子どもには年齢的に難しすぎる，逆に簡単すぎてすぐに飽きてしまう，

また，子どもたちの反応や行動が十分に予測されていなかったためにうまくいかない例が多いようです。目の前の子どもに適切にかかわるためには，理論的な知識が頭の中に入っていることとそれを柔軟に活用できることが求められます。知識が頭に入っていなかったり，逆に頭の中の知識にこだわりすぎて目の前の子どもをなかなか理解できなかったりという実習生は多いようです。特に経験の浅い保育者には，知識と実践を上手に結びつける能力が求められます。

7）子どもたちとの接し方や保育の技能　「ことばづかいが少々子どもたちにはわかりにくく……」「子どもたちのペースにあわせてピアノを弾くことができたのでよかったです」といった子どもたちとのかかわりや保育の技能についての問題です。たとえば，けんかの仲裁，一人でいる子どもへの声かけなどは多くの実習生が対応に困るケースです。また，ことばかけが指示的になったり，冷たい印象を与えたりすることのないように配慮する必要もあります。より具体的な保育技能として，ピアノや紙芝居・絵本の読み聞かせの技術などもこれに含まれます。いずれもこれらは経験によるものですので，現場に出る前に十分練習やシミュレーションをしておくことが必要でしょう。

8）発問と問題解決能力　「前の日の反省が次の日にあまり生かされていない」「一度伝えたことは次に改善されており，日々成長が見られた」といった，反省し解決する姿勢についてです。指導された点についてうまく理解できなかったり，それを改善することができなかった場合，同じ過ちをくり返したり，同じ質問をくり返したりということになります。また，自分で疑問をもち，それを質問することができるかどうかといった，発問の様子にもあらわれます。多くの園で反省会や打ち合わせなどが行われますが，疑問に思う点や自分の中で解決されていない点を明確にし，それを質問できるかという問題です。保育者の専門性を論じるときに，よく反省的実践家（reflective practitioner）という用語が用いられます。これが完成した保育者だというあるべき姿は定めにくく，日々の反省と実践をくり返して，その時々に適切なかかわりをしていくことが求められる職業なのです。

9）記録・文章力　「日誌にていねいさを欠き，書きもらしも多い」「要点が整理されて記録されており，子どもたちの姿を生き生きと記述できていた」という，記録や文章に関するコメントです。教育実習・保育実習・施設実習のすべての実習で重要な評価ポイントとなっています。やはり子どもを観察し，文章としてまとめ，それを省みることは保育者に求められているのです。記録や指導案などの提出は期限を守ることは大前提ですが，さらに文章力，字のていねいさ，誤字脱字のなさが求められます。また，書類の管理をしっかりと行うことも大切です。これは保護者宛の文章などを作成する上でも非常に重要となります。

反省的実践家（reflective practitioner）
　ショーン（Schön, D.）が提唱した概念。教師や保育者など，あいまいで不確定な問題に対応することが求められる専門領域では，単にこういう場合はこうすればよいといった専門的知識や技術を確立しにくく，その時々の実践と反省をくり返しながら個々の専門性を高めていくことが求められるのだという考えに基づいた概念。

　以上をチェックリストにまとめたものが表6-1です。自分自身で伸ばしていく側面，改善を要する側面を整理してみましょう。

表6-1　チェックリスト：実習生に求められるもの

	×	△	○
1）十分な体力があり，体調管理もしっかりとできる。			
2）明るく気持ちのよい笑顔ではきはきと話すことができる。			
3）新しい環境にもすぐに状況の把握ができ，適応できる。			
4）身の回りに起きている出来事を冷静に観察することができる。			
5）少しでも成長したいと願い，多くのことを吸収したいと考えている。			
6）子どもとの接し方や教育的・支援的なかかわりが上手である。			
7）子どもや保育に関して基礎的な知識がある。			
8）問題点を見つけ出し，それを解決することができる。			
9）観察したことや考えたことを上手に文章にまとめることができる。			

(3)　就職試験で重視されるポイント

　保育者として就職する際には前述のどの特性が重視されるのでしょうか。実際に就職の面接試験で重視されるポイントを，幼稚園と保育所に対するアンケート調査によって整理した栗原（2000）によると，第1に，健康状態が重要視されているようです。また，生き生きとした表情や話し方も重視されていました。さらに保育者として意欲的に取り組もうとしているかどうか，礼儀正しく，ことばづかいは適切かどうかが重視されていました。基本的にこれから保育の道に進む人たちには，保育技術よりも保育者として学び成長してゆく基礎があるかどうかが重視されているといえるでしょう。

引用文献

後藤　守・後藤恵美子・金澤克美・高久宏一　2001年　「これからの保育に求められる保育者像に関する臨床心理学的研究」『北海道教育大学紀要』51巻53-61頁.

柏木惠子　1988年　『幼児期における「自己」の発達：行動の自己制御機能を中心に』東京大学出版会

栗原素子　2000年　「就職試験における保育者像について」『川村学園女子大学紀要』11巻121-145頁.

三隅二不二　1984年　『リーダーシップ行動の科学　改訂版』　有斐閣

Parten, M. B.　1932　Social participation among pre-school children. *Journal of Abnormal and Social Psychology*, **27**, 243-269.

7 子どもの個性の理解（パーソナリティ）

個性とは何か

今日の実習の反省

　字の書き方の指導など，これまでの実習では経験しなかったことを多く学ぶことができました。しかし，まだ個性豊かな子どもたちを理解し，上手に対応することがうまくいきません。子どもたちは授業で習った様子とはずいぶんと違ってびっくりしています。泣いて困っている子どもに話しかけても，黙ってしまって何が起こっているのか教えてくれずに，そういうときにどうしてよいかわからずに困ります。結局，担任の先生を呼ぶだけになってしまい，少々悔しい気持ちを感じます。子どもたちの普段の様子からそれぞれの個性を理解し，かかわることができたらと思っています。

なぜ子どもたちの様子は教科書に書いてある通りでないのか

子どもの中で何が起こっているのか

子どもの個性はどうやって理解したらいいか

　子どもの個性を理解するといっても，さまざまな見方があり，見方によっては見るべき個性が見えなくなってしまうこともあります。本章では，まず個性の理解としてパーソナリティに焦点を当て，その基本的な考え方について述べていきます。また，代表的なパーソナリティ理論である類型論と特性論，さらに人のパーソナリティの機能をせめぎあう装置であらわしたフロイトの理論を紹介します。最後にパーソナリティを探る方法とパーソナリティ・テストについてふれていきます。

1. 気質, 性格, パーソナリティ

　　個性について, 我々にとってもっともなじみのあることばが性格
(character) でしょう。これは, 感情を経験し, 自ら決意して行動する
際の個人差を指します。たとえば, 普段から落ち込みやすいのかどうか,
自分に自信をもって他人と接することができるか, といった比較的長期
間にわたって安定している心理的特徴のことです。人の性格は, 生後の
環境の影響を多分に受けます。乳幼児の保育や教育, また子育ての支援
が重要であるとされる理由がここにあります。

　　一方で, 生まれたばかりの新生児でも, すでに個性は存在します。泣
くことが他の新生児より多かったり, 睡眠時間の個人差も早い段階から
あります。母親は最初, 事前に聞いていた新生児の姿と, 個性豊かな自
分の子どもとのギャップに戸惑うことが多いようです。また, 第二子が
生まれたときに第一子と比較してこんなにも違いがあるものかと驚くこ
ともあるようです。こういった新生児の特徴は, 生まれた後の環境の影
響というよりは, 遺伝的な影響が大きいと考えるのが妥当でしょう。こ
のような遺伝的な影響が大きい特徴については気質 (temperament) と
いう用語が用いられます。

　　また, 別に, パーソナリティ (personality) という用語があります。
これは日本語に訳すと「人格」ということになりますが, 性格よりも環
境に対する適応の様子に着目したもので, 感情経験や意志決定による行
動傾向だけでなく, 知的能力の側面を含めた全体的な行動傾向を指しま
す。オルポート (Allport, G. W.) によるパーソナリティの定義を見てみ
ましょう。

パーソナリティ
　パーソナリティという語は,
persona（仮面）が語源である。

> "Personality is the dynamic organization within the individual of
> those psychological systems that determine his unique adjustment to
> his environment."
>
> 「パーソナリティとは個人内部の力動的体制である。その心理的な
> システムは, 環境への独自の適応のしかたを決定している」

　　たとえば, 教室での座り方に注目してみてください。椅子の形は決まっ
ていますし, 講義は前を向いて聞くという暗黙のうちのルールも存在し
ます。つまり, 環境はある程度の適切な座り方を求めており, 多くの受
講生はそれなりの座り方で講義を聞くことになります。しかし, じっく
りと観察してみると, それぞれ, いろいろな座り方をしているのに気づ
きます。足を組んでいる人, 浅めに座っている人, 背筋を伸ばしている
人などさまざまです。環境への適応の仕方にはいろいろな方法があり,

積極的に自分にあった形で環境へ適応しようとする人間の心理的な部分をパーソナリティとよぶのです。

　このとき，環境が求めている適切な座り方に気づくことが必要になります。また，求められているものに対し自分なりに快適な座り方を選択することも大切です。つまり環境と自己との間の調整が必要であり，これは知的能力とかかわりの深い部分になります。これが，パーソナリティの定義に知的能力の側面を含める理由になるわけです。もし知的能力が十分にない場合には，椅子にうまく座ることができずどうしてよいか途方にくれていたり，後ろを向いて座ってしまったりということになるのです。

　子どもを理解する際に，子どもの行動を性格と見るのではなく，パーソナリティととらえるとだいぶ印象が変わってきます。たとえば，他の子どもに向かって，よくおもちゃを投げたりぶつけたりする子どもがいたとしましょう。ただ単に性格であるととらえると「乱暴な子」という理解で終わってしまいますが，それをパーソナリティであるととらえてみたらどうなるでしょうか。彼の行動は，まわりの環境や自分自身の内面で起こっている出来事に適応しようと積極的に努力した結果だと考えてみると，たとえば，友人たちとのスキンシップが歪んだかたちであらわれているのかもしれません。他者とかかわりたいという気持ちがその背景にあるのならば，ただ単に彼の行動を注意しやめさせることは適切ではないことになります。また，物を投げるという行為が彼にとって，その場所で経験している否定的な感情の唯一の表現・解消方法なのかもしれません。この場合も彼の行動をやめさせることではなく，別の表現方法を用いることができるようにかかわっていくことが援助のポイントになります。

2. 類型論と特性論

　個人差の科学的研究が行われ始めたのは 19 世紀末から 20 世紀はじめ頃です。以来，パーソナリティや性格のとらえ方には大きく分けて 2 つの考えが存在します。ドイツをはじめとするヨーロッパで理論が発達した類型論とアメリカの研究者を中心に発展していった特性論です。

(1) 類 型 論

　類型論とは，人間をいくつかのタイプ（類型）に分ける考え方です。いくつかの箱をイメージするとわかりやすいでしょう。各箱には「〜型」とタイプの名前が書かれており，それぞれの箱の中に，人間を分類していきます。同一の箱に分類された場合，ほぼ同じ特徴をもっていると見なされ，箱と箱の間の中間的な特徴をもった人間は想定されません。後

に紹介する特性論とは異なり，人間を「独自な全体」とみなし，それより小さな部分に分析できないものとする立場をとっています。分類の基準が妥当であるかどうかは別として，血液型性格判断は，A，B，AB，O型の4つに分類し，それぞれの性格が異なるという考え方ですので，類型論の考えに基づいた性格理論の一例でしょう。

1）さまざまな類型論 類型論をもとにした代表的なパーソナリティ理論として，クレッチマー（Kretschmer, E.）の体型による分類が挙げられます。クレッチマーは精神病患者の観察から，体型と診断名にある程度の対応があることを見出しました。彼の理論によると，まず，細長型は，精神分裂病（現在の統合失調症）に多く見られる体型で，生真面目で控えめなタイプです。融通が利かない点が特徴であり，感情表出が乏しい反面，研究者や芸術家などに向いたタイプであるといわれます。また肥満型は，躁うつ病で多く見られ，一般的な性格として，社交的でユーモアがあります。一方で，考え方が論理的でなく，一定の期間で気分の落ち込みと高揚をくり返す傾向にもあります。闘士型はてんかん患者に多い体型であるとされ，几帳面で凝り性な性格をもつ傾向にあります。目上の人物に対して礼儀正しいのですがときどき怒りを爆発させることもあります。クレッチマーの説は類型論では最も有名ですが，現代では食生活や生活スタイルが変化してきており，この類型が妥当かどうか，疑わしいとされています。

クレッチマーの理論
　クレッチマーの理論は代表的な類型論だが，とくに精神病患者でない個人に関して当てはめるのが妥当かどうかは疑わしいとされている。また，どのような体格かで個人のパーソナリティが決まると解釈するのは間違いである。

	細長型	肥満型	闘士型
体型			
気質	分裂気質 　自閉的傾向 ・無口 ・敏感で鈍感 ・心に内と外がある	躁うつ気質 　同胞性 ・社交的 ・融通がきく ・ものにこだわらぬ ・愉快な時と憂うつな 　時が周期的にくる	粘着気質 　固さ ・粘着性と爆発性 ・かたくきちょうめん ・きれい好き ・丁重だがときに激怒 ・義理がたい

図7-1　クレッチマーの類型論

また，ユング（Jung, C. G.）はリビドー（人間の欲求の根源をなす性的エネルギー）が外界に向かっているのか，それとも個人の内的な世界に向かっているのかの向性（方向）から類型を試みました。外向（extravert）では，情緒の表出が自由で活発であり，決断力や実行力がある反面，思慮に欠けて誤った判断をしてしまうことがあります。内向（intovert）は，情緒の表出は控えめであり，外向と異なり，思慮深く心配性な性格です。また他者との交流をあまり好まない傾向にあります。外向的，内向的ということばは一般的な表現として用いられることが多

いので，なじみのある類型ではないでしょうか。

　この他，どの生活領域にもっとも価値を置いているのかに焦点を当てたシュプランガー（Spranger, E.）の類型や，文化や社会のありようの影響を受けた人々の生活様式には，いくつかの類型が認められるとしたフロム（Fromm, E.）の社会的性格の類型などもあります。また，ユニークな類型論としてダンケル（Dunkell, S.）のスリープポジションの類型論があります。これは人の睡眠中の姿勢からパーソナリティを分類する理論で，たとえば，顔や内臓を隠すように丸まった形で横になるポジション（完全なる胎児）は，他者に対する依存や保護の願望が強いパーソナリティの持ち主であり，保護してくれた人に依存し続けている傾向があるとされています。また仰向けに体を開いて眠るタイプ（王者）は，安定した人格の持ち主で，オープンで柔軟な精神をもっているとされています。この類型が妥当かどうかについて疑問は残されていますが，類型論ではさまざまな観点からタイプ分けが試みられていることを示す一例です。

　2）類型論の長所と短所　　類型論の長所として，まず，人間を全体的な存在としてとらえることができる点が挙げられます。これは，類型論の背景にある，部分的な特徴を足しあわせたとしても，人間の本質をとらえることはできないという考えに基づいています。また何よりも，個人を判断（診断）する場合には簡単で便利です。タイプ分けは他者を理解する上で日常的によく使われる方法で，その分，理論もなじみやすいのです。たとえば，初めて会った人に対して「この人はあの人と同じタイプだな……」と感じることがしばしばあると思いますが，これはまさに類型論の考え方です。客観的にデータを解析した結果から提唱されるというよりも，日常の観察や直感的な気づきがもととなった類型論が多いのはこのためでしょう。直感的な分，タイプ分けの基準が妥当かどうかという点で疑問の残るものもいくつか見られるわけです。また，雑誌のいわゆる心理テストが最終的にタイプ分けで回答を出すのも，やはり我々にとって，類型論的な考え方によって自他を理解することが自然で日常的だからでしょう。

　一方で，類型論の短所は，単純でしっかりとしたタイプ分けの結果，類型と類型の間の中間的な存在が想定されていない点にあります。血液型性格判断の類型に従えば，人間は性格の特徴上，4種類しか存在しないことになります。また，それぞれの類型の特徴のみに注目が集まり，その他の特徴は無視されることがあります。たとえば，先ほどクレッチマーの分類による肥満型の特徴として，社交的であると述べましたが，異なる類型である闘士型では人間関係が全く見られず，社交性が皆無であるというわけではありません。また，我々の直感的な人物判断に近いという点と関連して，類型論は数量的な研究に向かないという短所もあ

ります。どのタイプかという情報は，後述の特性論のように，どの程度その傾向があるかという情報よりも情報量が少なく，統計学的な分析に向いていません。

(2) 特 性 論

特性論は，すべての人間が同じ特性（trait）をもっているとした上で，個人差はその特性の量や程度であらわすことができるという立場をとります。たとえば，図7-2を見てください。AさんとBさんについて，優しさ，真面目さ，自己主張の3つの特性からとらえたものです。これによると，Aさんという人物は，他人に優しく接し，またあまり自己主張をしない人のようです。また，Bさんはどちらかというと人に対して優しさが足りず，何でも積極的に自分の意見を発言する人です。ともに真面目さという点ではあまり差がありませんが，他の特性を比較するとだいぶ人物の印象が異なってきます。近年のパーソナリティに関する研究では，このような特性論の立場に立つ研究が多く行われています。

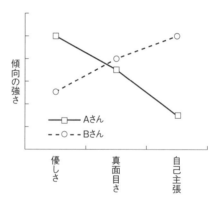

図7-2　特性論の基本的な考え方

1）代表的な特性論　特性論の立場に立つ理論や研究は無数にあります。近年の学会での発表や研究論文では，日々，数多くのパーソナリティや性格の特性が提唱され，その特性を測る方法が考案されています。最近では，無数に提唱される特性の中で，意味がほとんど重なったものやほぼ同一のもので言い方を変えたものなども見られるようになり，混乱の様相を呈しています。以前から，人間のパーソナリティを特性としてとらえる際に，いったいどの特性を見ていくとよいのか，といった疑

表7-1　ビッグ・ファイブの特性

特性	日本語訳	概要
Neuroticism	情緒安定性	楽天的で穏やかな側面
Extraversion	外向性	社交的で積極的な側面
Openness to experience	開放性・知性	好奇心や経験を重視する側面
Agreeableness	調和性・協調性	他人に対する配慮の側面
Conscientiousness	誠実性・勤勉性	まじめさに関する側面

問が研究者の間でありました。つまり，似たような特性を集めていくと，最終的に大きな特性のまとまりが何種類になるのかという疑問です。1980年代にこの疑問に対して，基本的な性格は5つの特性とみることができるという立場が台頭しました。この5つの特性やその立場はビッグ・ファイブ（Big Five）とよばれます（表7-1）。

ビッグ・ファイブ
　日本人のビッグ・ファイブを測定するパーソナリティ・テストは，近年，次々に開発されている。

　2）特性論の長所と短所　　特性論の長所と短所は，先ほどの類型論の裏返しになります。まず長所として測定（アンケートなどで個人差を調べること）に向いていることです。測定すべき側面がはっきりしているため，パーソナリティ・テストを作成しやすいこともあります。測定に向いているということは，数量的研究に向いていることになります。その結果，個人を図7-2のような図で表現できるため，わかりやすく示すことも可能です。一方で，短所は，人間の全体性に関する情報が失われやすい点にあります。各特性の高低を足していったとしても人間全体は理解できないとする類型論の立場からすれば，人間をいくつかの要素に分解し，それをひとつひとつ明らかにしていくことには意味がないということになります。

　しかし，特に数量的な表現が可能であるという点から，近年の心理学の研究では，特性論が用いられることが多くなっています。いっぽうで，医学的な診断や，一般の人を対象とした性格判断などでは，類型論が用いられることが多いようです。

3. 力動的にとらえたパーソナリティ理論

　類型論や特性論では，パーソナリティが安定し，固定されたものとしてとらえられたものが多く見られます。確かに我々の目には，他人の行動はある程度一貫しているように映り，少なからず安定したその人らしさが存在しているように感じられます。しかし実際には，悩みや葛藤といった，力をもった心の部分のせめぎあいの結果，行動が生じていることが少なからずあるはずです。これは「力動的」などと表現されます。ここではパーソナリティの力動的な部分に着目したフロイト（Freud, S.）の理論を紹介します。

　フロイトは3つの心理的装置と3つの心の領域を想定しました。まず，イド（id）は人間が生きていく上での基本的なエネルギーを生み出す装置です。フロイトはこのエネルギーの中心を性的な衝動であるとし，リビドーと名づけました。イドはリビドーを原動力とし，快を求めて不快を避けるという快楽原則に従って働きます。次に，超自我（super-ego）は，乳幼児期からのしつけや教育，文化的な背景によって学習された価値基準に従って働く装置です。「～してはいけない」「～はすべきでない」といった規範のかたちで我々に訴えかけます。また，自我（ego）は，

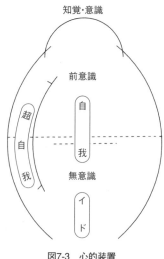

図7-3　心的装置

外の世界を知覚し，記憶し，学習する主体です。イドと超自我との間の
葛藤に常にさらされており，意思や行動を決定する部分です。

　これらはよく，信号待ちをしている車にたとえられます。車のエンジ
ンはイドを表し，信号機や警察官は超自我を示します。両者の間で判断
を迫られているのが運転手である自我です。エンジンの回転に任せよう
とブレーキから足をどけてアクセルを踏むのか，それとも信号機や警察
官に従ってそのまま動かないのか，その選択が求められているわけです。
実際の子どもの例でも考えてみましょう。ブランコの順番を待っている
幼児の内面はどうでしょうか。「ブランコに乗りたい」といった本能的
な欲求と「順番は守らなくてはいけない」といった良心の部分が葛藤し
ている状態だと考えられます。この子は次に，前者の欲求をより重視し
て前の幼児をどかしてでもブランコに乗ろうとするかもしれません。ま
た後者の気持ちから，早く乗りたい気持ちを抑え，黙って順番を待つの
かもしれません。また，両方の気持ちをうまく調整できれば，「早くし
て」「あと少しで代わってよ」という声をかけるなどという行動も見ら
れるはずです。

　また，フロイトは，これらの装置が存在する心の領域にも注目しまし
た。意識できる領域（意識），意識できない領域（無意識），また，意識
しようと努力して初めて意識できる領域（前意識）の3領域です。イド
はほぼ無意識の領域にあり，本人が明確に意識することはできません。
また超自我と自我は意識，無意識，前意識のすべての領域にまたがって
存在するとされています。無意識の領域が存在することやその機能を科
学的に証明することは難しいのですが，現在でもこの3つの心的装置を
想定した基本的な理論は，人間理解の上で有用であるとされています。

4. パーソナリティの測定

(1) 個性記述的視点と法則定立的視点

　パーソナリティを測定し，それを検討する場合，2つの異なる視点が存在します。第1の視点は，限られた人（多くの場合は1人）のパーソナリティを調べ，吟味する視点です。これは目の前の子どもがどのようなパーソナリティの持ち主なのかを考えるような，個を見る視点です。また，歴史的な偉人やある特定の臨床ケースなどを取り上げ，ケーススタディを行う研究の視点でもあります。これは個性記述的（ideographic）な視点とよばれます。

　第2の視点は，人間全般やある集団の代表的なパーソナリティを明らかにしようという視点です。たとえば，日本人と欧米人で自己主張に対する考えやその方法に差があるのかどうかを検討するときには，日本人ひとりひとりのパーソナリティの個人差に着目するのではなく，日本人で共通した部分に注目して，その典型を描き出すことが重要となります。このような視点によって明らかにされる結果から，日本人とはどのようなパーソナリティをもった個人の集まりなのかが見えてきます。このような視点を法則定立的（nomothetic）な視点とよびます。教科書や専門書に描かれる子ども像，人間像はあくまでもこの法則定立的視点によるものです。

　いわば法則定立的な視点は，多くの人々（子どもたち）が着ることのできるフリーサイズの服を作ることが目的なのであり，教科書や理論が示す一般的な人間像（子ども像）とは，このフリーサイズの服に他なりません。これは多くの人々（子どもたち）に合う服なので，人間（子ども）の一般的なかたちがよくわかります。しかし，実際に個々の人々（子ども）に着せてみて理解しようとしても，袖が長すぎたり，ウエストがぶかぶかだったりと，着ることはできても，ぴったりとは合いません。つまり，法則定立的な視点による知識は，実際のパーソナリティを理解する上で，個性記述的な視点から調整されなければならないことになります。このような調整がなされることによって，その人（子ども）の個性が理解されるのです。

(2) パーソナリティを探る方法

　パーソナリティをはじめ，子どもの個性を探る方法はさまざまに開発されています。ここでは代表的な実験法，観察法，面接法，調査法，検査法を紹介します。

　1) 実 験 法　　実験室などの条件を整えた環境下で，対象者がどのような反応を行うのかを見る方法です。実験法の場合，実験を行う人を

法則定立的な視点
　法則定立的な視点による知識がないと，ゼロから子どもを理解することになる。目の前の子どもの何が普通でどこが個性的なのか，我々が理解するためには，やはり典型的な子どもに関する知識が必要である。

実験者，実験対象者のことを実験参加者とよびます。実際の日常生活の場面と違い，環境条件がしっかりとコントロールできる反面，現実場面での人間の行動や感情経験とはかけ離れてしまうという難点もあります。しかし，因果関係（何が原因で何が結果か）を明らかにしたいときに，適した方法です。

2）観 察 法　　実際の現実場面での人間の行動を，目で観察するのが観察法です。発達心理学や幼児教育の研究で多用されています。工夫次第では対象者に負担をかけずにすみ，乳幼児の普段のありのままの様子をとらえることに適しています。日誌のように，観察者が目で見たものを記録・記述していく方法から，ビデオに記録し，行動が生じたタイミング，長さ，回数などをカウントする厳密な方法まで多様です。実験法と逆に，現実場面におけるパーソナリティのありようや機能をとらえることができるものの，どの環境的要因の影響を受けた結果なのかを明らかにしにくいという短所もあります。

3）面 接 法　　対象者のパーソナリティなどを，会話を通して探っていく手法です。後述の調査法と異なり，対象者の反応によって質問を変化させること，また質問を重ねることが可能で，より内面的な心理的特徴を引き出すことができます。また，基本的に言語的なやりとりが可能な対象者なら実施可能です。ただし，実施時間や手間などのコストが大きく，多人数に対する調査には適していません。個性記述的な視点に重点を置きつつも，そこに一般的な規則性を見出そうとすること（法則定立）を目的とした研究で多く用いられています。

4）調 査 法　　いわゆるアンケート調査であり，質問項目に対する対象者の回答によってパーソナリティなどを探る方法です。アンケート（質問紙）を作成・印刷するだけで，同時に多くの対象者に実施でき，短時間で大量のデータを集めることができます。一方で，対象者には，言語理解や集中力，自分自身を客観的に報告することが求められるため，少なくとも就学以前の対象者には適さない方法です。また，質問はすべての対象者で一定なため，反応によってさらに質問を重ねたりすることができない点も短所です。しかし，法則定立的視点による人間理解や研究にもっとも活用されている手法です。

5）検 査 法　　個々のパーソナリティや心理的問題を個別に精査する方法です。後述のパーソナリティ・テストなど，あらかじめ作りこまれた（標準化された）テストを用います。人々の全体的な傾向を探るのではなく，特定の1名の対象者について詳細に明らかにするのが目的です。その結果は，その個人に対して，診断や処遇，またアドバイスなどの専門家による介入のために用いられます。

観察法
厳密な方法としては，たとえば，5分間の間に何回子どもに笑顔が見られるかを数えるなど，一定時間内の行動が起こった回数を見る時間見本法などが用いられる。

質問紙
調査法は質問紙を用いることから質問紙調査法ともよばれ，検査法のパーソナリティ・テストである質問紙法と同じような名称になる。どちらも，質問項目に対して選択肢から選ぶように求めるため，見た目は同じアンケートだが，その目的が法則定立にあるのか個性記述にあるのかという点で異なる。

(3) パーソナリティ・テスト

上記の検査法において，客観的にパーソナリティを測定する方法にパーソナリティ・テストがあります。パーソナリティ・テストには以下のようなものがあります。

①質問紙法：いくつかの質問項目に対して，選択肢をもとに評定を求める方法です。たとえば，「私は友人と一緒にいることが多い」という項目に対して「全くあてはまらない」「あてはまらない」「どちらともいえない」「あてはまる」「非常にあてはまる」までのどれかに丸印をつける方法です。代表的なものとして，先述のビッグ・ファイブを測定する5因子性格テスト（FFPQ など），Y-G 性格検査，MMPI（ミネソタ多項目人格目録），MPI（モーズレイ性格検査），エゴグラム（TEG など）などがあります。

エゴグラム
「保育者に求められるパーソナリティ」（第6章）参照。

		はい	どちらでもない	いいえ
1　他人の言うことに左右されやすい。	1	☐	☐	☐
2　納得のいかないことには抗議をする。	2	☐	☐	☐
3　明るいと言われる。	3	☐	☐	☐

図7-4　質問紙法の例：TEG

②作業検査法：対象者に一定の作業を求め，その作業量やその変化，ときには作業行動の観察から性格を判断する方法です。代表的な作業検査法である内田・クレペリン性格検査では，隣り合った一桁の数字の足し算を1分間行い，それを15回，5分間の休憩を挟んで2セット行います。その作業量と変化を典型と比較して個人差を明らかにします。この結果から，新しい課題や環境への適応の早さや，集中力の持続などのパーソナリティ特性を読み取ることができます（図7-5）。

内田・クレペリン性格検査
作業検査法として開発されたテストのうち，現在でも広く使用されているものは代表として挙げた内田・クレペリン検査のみで，この他の作業検査はあまり知られていない。

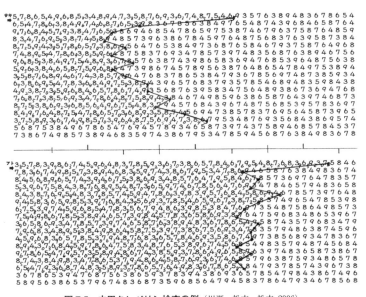

図7-5　内田クレペリン検査の例（川瀬・松本・松本, 2006）

③投影法：反応が多様になるような，あいまいな刺激を用いて，個人の無意識下の特徴を探る方法です。個人がなぜそのような反応をしたのかが重要であり，検査の実施や結果の解釈には熟練を要します。代表的な投影法としては，インクを垂らしたような模様が何に見えるのかを問うロールシャッハ・テスト（図7-6），絵画を提示し何が起こったのかを説明するように求めるTAT（主題統覚検査），描画を求めるHTPやバウムテスト，未完成な文章の続きを書くように求める文章完成法（SCT）や漫画のふきだしのような部分に思いついた台詞を書き込んでいく絵画欲求不満検査（P-Fスタディ）などがあります。

結果の解釈
　たとえば，ロールシャッハ・テストやTATの実施や解釈には，専門家の下で最低でも5年間のトレーニングが必要であるとされている（佐藤，1993）。

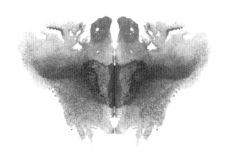

図7-6　ロールシャッハ検査の模擬図版

1）テスト・バッテリ　以上のパーソナリティ・テストは，あくまでもそれぞれのテストが担当するパーソナリティや個性の一部分を切り出しているに過ぎません。一般的にパーソナリティ・テストでは，複数が実施され，その人物が総合的に判断されます。これをテスト・バッテリとよびます。特に投影法は，解釈する者の主観的な判断の影響を受けやすいテストであり，投影法のみから人物像を判断した場合，専門家であっても人によって異なる判断をしてしまうという話もあります(村上，2005)。パーソナリティ・テストでは，ときに結果の解釈により対象者の人生を左右してしまうこともあるので，未熟な段階での安易な実施や短絡的な解釈・判断は避けるべきです。

2）テストの妥当性と信頼性・標準化　パーソナリティ・テストの結果が信頼に足るものかどうかは，テストの妥当性と信頼性から判断されます。妥当性（validity）とは，測定しているとする対象を本当にそのテストで測定できているかどうかを指します。たとえば，保育者に向いているかどうかを判断するのに，指の長さを測定されたとしましょう。その後，あなたは指が長すぎるから不適格だと言われて納得できるでしょうか。そのとき，指の長さを測れば保育者として向いているかどうかがわかるという証拠を見せてほしい，という気持ちになるのではないでしょうか。この証拠にあたる部分がしっかりと検討されているテストを，「妥当性がある」と表現します。また，もう一つの問題がテスト結果の安定性です。これを信頼性（reliability）といいますが，同一人物

に異なる時期でテストを行ったときにほぼ同じ結果が得られるのかどうか，などが問題となります。さらに，どの程度の傾向が見られれば，非常に高い傾向があるといえるのかなど，大量データに裏づけられた細かな情報を備えたテストを標準化されたテストといいます。現在，広く用いられているパーソナリティ・テストは，多くの研究者や実践家によって，すでにその妥当性・信頼性の議論・検討が行われてきたものです。

標準化されたテスト

　標準化されたテストでは，あらかじめ何千名ものデータに基づいた妥当性や信頼性の根拠が示され，また診断や評価の基準値が定められている。男性と女性でそれぞれどの程度の得点が標準的なのか，また，対処を必要とするケース例なども示されている。

(4) 子どもの個性の理解のために

　本章では，子どもの個性について，パーソナリティの考え方や測定の方法を中心に述べてきました。さまざまな理論があり，どこをどうとらえると子どもがよくわかるのか，ますます混乱したのかもしれません。しかし，実際の子ども理解，また人間理解で重要なことは，やはり多面的な視点でとらえるということです。類型論のように子どもの存在を全体としてとらえる視点，特性論のようにいくつかの要素に分解して，ある特性に注目する視点，また，個を見る視点や典型を見る視点などを通して，さまざまな面からじっくりと見ていくことです。またしっかりと子どもたちの個性をとらえようとした場合には適切な方法があり，そのために開発されたツール（道具）があることも覚えておいてください。

　子ども理解の近道は，まず子どもをとらえる自分なりの視点をもつことです。同時にその視点は一方向から子どもを眺めたものに過ぎないことを認識しつつ，少しずつ視野を広げていく努力をしていってはどうでしょうか。

引用文献

川瀬正裕・松本真理子・松本英夫　2006 年　『心とかかわる臨床心理［第 2 版］—基礎・実際・方法—』　ナカニシヤ出版

村上宣寛　2005 年　『心理テストはウソでした』　日経 BP 社

佐藤忠司　1993 年　「心理テストによる臨床心理査定」　こころの科学増刊『心理テスト入門』　日本評論社　8-13 頁.

辻 平治郎　1998 年　『5 因子性格検査の理論と実際—こころをはかる 5 つのものさし—』　北大路書房

8 配慮が必要な子どもへの対応（障害の理解）

時間	環境構成	子どもの活動	保育者の援助・留意点	実習生の動き・気づき
10:15		○講堂で話を聞く。	・静かに座って話を聞くように促す。	
	Tくん,Rくんはなぜ立ち上がったり外へ行こうとしたりしたのか	・Tくん，Rくんが立ち上がったり，外へ行こうとする。	・Tくん，Rくんに静かに座っているよう声かけをする。	・Tくん，Rくんに外へ行かないように声かけをする。
		・Mくんがお母さんがいいと泣き出す。 Mくんはなぜお母さんがいいのか	・Mくんを膝に乗せながら，Mくんの気持ちを受けとめ，安心させるようなことばがけをする。	・Mくんを抱っこする。

　保育現場では，いろいろな子どもとかかわります。ときには，突然騒ぎ出して保育を妨げてしまう子どもや，すぐに感情的になって他の子どもに怪我をさせてしまう子どももいます。集団保育になじめず，他の子どもとかかわろうとしない子どももいます。このような子どもの行動にも，何か理由があるはずです。その理由がわかれば，子どもとのかかわり方も見えてきます。本章では，発達障害を含めた配慮を必要とする子どもについて，どのように理解し，どのようにかかわっていけばよいのかを説明します。

1.　配慮を要する子どもとは

　保育の現場では，集団保育を乱し保育を滞らせてしまう子どもへの対応に，保育者は苦慮しています。このような子どもには次のような特徴があります。

　①コミュニケーションの困難さ

　　・会話が成立しない

　　・話をしない

　　・保育者の言うことに耳を貸さない

　　・すぐに泣く　など

　②対人関係の困難さ

　　・他児とのかかわりをもとうとしない

　　・他児に対してイヤなことばかりする

　　・自分が中心になっていないと気がすまない　など

　③行動の困難さ

　　・衝動的な行動が目立つ

　　・感情の抑制がきかない

　　・保育者の話を最後まで聞いていられない

　　・保育活動にほとんど興味を示さない

　　・自分の好きなことしかかかわろうとしない　など

　子どもの行動には，何かしらの意図があります。子どもが上述のような行動をとってしまう意図としては，「関心を引きたい」「状況が理解できない」「わがまま」などさまざまです。そのような子どもの背景には，①親の養育態度，②子どもの家庭環境，③子どもの発達状況などが考えられます。

1）　親の養育態度

　親の養育態度は子どもの性格に影響を及ぼします。たとえばサイモンズ（Symonds, 1939）は，図 8-1 のように親の養育態度による子どもの性格の傾向を示しています。

　また，現在深刻な問題となっている児童虐待も，親の養育態度の一つと考えられます。こども家庭庁（2023）によれば，児童相談所による児童虐待相談件数は年々増加の一途をたどっており，令和 4 年度の児童虐待相談対応件数は 21 万 9,170 件で，過去最多を更新しています。虐待は，①身体的虐待，②ネグレクト，③性的虐待，④心理的虐待に分類されます。身体的虐待とは，子どもに対して保護者が殴ったり蹴ったりし，身体に外傷を与えるもしくは与える恐れのある危害を加える虐待です。ネグレクトは，保護者が子どもを家に残して長時間外出する，食

児童虐待

　児童虐待を発見した場合は，全ての人に通告の義務がある。厚生労働省は虐待が疑われるケース専用の相談窓口として，専用ダイヤル「189（いちはやく）」を設置している。

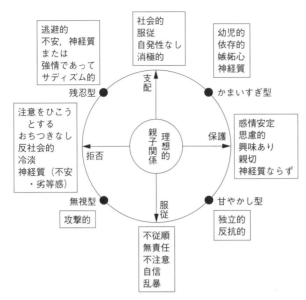

図8-1　サイモンズによる親の教育態度とパーソナリティの形成
(Symonds, 1939)

事を与えない，学校に通わせないなど，養育を放棄・拒否する虐待です。性的虐待は，子どもに性交を強要したり性交を見せたりするなど，わいせつな行為をすることやさせる虐待です。心理的虐待は，言葉で脅す，きょうだい間で差別的な扱いをする，反社会的行動を強要する，子どもの目の前で配偶者などに暴力をふるう（面前 DV）など，子どもに著しい心理的外傷を与える言動を行う虐待です。令和 4 年度の児童相談所における虐待相談の内容別件数は，身体的虐待は 51,679 件（23.6％），ネグレクトは 35,556 件（16.2％），性的虐待は 2,451 件（1.1％），心理的虐待は 129,484 件（59.1％）であり，心理的虐待が最も多く半数以上を占めており，次いで身体的虐待となっています。また，児童虐待相談における主な虐待者は実母が最も多く約 6 割を占めており，次いで実父が約 2 割となっています。

　児童虐待は子どもに心の傷をもたらすだけでなく，命の危険にも関わる行為です。そのためできる限り早期に発見し，子どもを虐待から救い出さなくてはなりません。保育者は日々子どもと関わっていることから，虐待をいち早く発見できる立場にあります。身体に不自然な外傷がないか，衣服はいつも清潔に保たれているかなど，いつも子どもを観察することを心がけましょう。

　さらに，虐待を受けるなど養育者との間に何らかの理由で愛着が形成されない場合，愛着障害として子どもの情緒や対人関係に問題が生じることがあります。愛着障害には，①反応性アタッチメント症と②脱抑制型対人交流症の 2 種類があります。それぞれの特徴は次のとおりです。

反応性アタッチメント症
　反応性アタッチメント症の症状は，自閉スペクトラム症（ASD）と酷似しており，区別することが難しい。

脱抑制型対人交流症
　脱抑制型愛着障害は，注意欠如多動症（ADHD）の行動特徴と酷似しており，区別することが難しい。

① 反応性アタッチメント症

　　周囲の人を警戒し，必要以上に人と距離を取ろうとする特徴があります。

　具体的な行動特徴

　・他人に関心を示さない

　・子ども同士の交流が見られない

　・感情表現が乏しい

　・人からの働きかけに無反応

　・自己評価が低く傷つきやすい

② 脱抑制型対人交流症

　　過度になれなれしく，誰彼構わず甘えたり接触したりするが，仲間同士で協調することはできないという特徴があります。

　具体的な行動特徴

　・見知らぬ大人についていってしまう

　・攻撃的，衝動的な行動が目立つ

　・乱暴な言葉を使う

　・謝ることができない

　・嘘をつく

2) 子どもの家庭環境

　家庭環境が子どもにストレスを与え，その発散方法として，問題行動を起こしてしまうということもあります。

　たとえば，下にきょうだいが産まれるなど家庭環境の変化に対応できず，ストレスをためてしまう場合があります。今までひとりっ子で一心に愛情をかけられ育った子どもが，母親の次子の出産により，これまでのようなかかわりを親から受けられなくなったとしましょう。子どもにとっては大変なストレスがかかります。ときには，すでになくなっていたおねしょや指しゃぶりなど，退行が起こることもあります。また，親の病気や夫婦仲の悪化など，子どもに不安やフラストレーションを与えてしまう状況が生じたりすると，そのストレスを保育者や他児にぶつけてしまうこともあります。

　さらには，きょうだい関係に影響がある場合もあります。たとえば，兄姉が小学校で何かストレスを抱え，それを年下の弟妹にぶつけ家庭で発散させることがあります。弟妹は家庭で兄姉から受けたストレスを，保育者や他児に向けることで発散させたりします。

　このように，家庭で何かしらのストレスがかかる状況が生じると，子どもはストレス発散を保育者や他児に向けることがあります。

退行
　早期の発達段階へ逆戻りしてしまい，すでにできていたことができなくなってしまうこと。心理的ストレスからくる不安などの精神的不安定から安定を保つための，自我の機能である防衛機制の一つ。

3) 子どもの発達状況

発達の遅れなど，発達障害により他の子どもと同じ活動ができないということも考えられます。

発達障害は，知的障害，自閉スペクトラム症，注意欠如多動症（ADHD），学習障害（LD）などがあります。周囲の大人たちに発達障害の理解がないと，症状によっては単に「わがままな子ども」というとらえ方をされてしまい，診断が遅れてしまうこともあります。また，親も子どもの障害を正面から受け入れにくく，病院で診断を受けることを拒否するケースも少なくありません。そのために，診断が遅れてしまうこともよくあります。しかし，発達障害のある子どもにとっては，早期からの適切な対応が，今後の発達に非常に良好な効果を及ぼします。そのため，早期発見が望まれます。

発達障害に関しては，次節に詳細を記します。

2. 発達障害

(1) 知的障害（精神遅滞）

知的障害は精神遅滞とも記される，知的発達の障害をいいます。また「精神疾患の診断・統計マニュアル（DSM-5-TR）」では知的発達症（知的能力障害）と表記しています。

知的障害は，発達期（乳幼児期から青年期）に生じる知的機能の障害で，①概念的領域（読み書きや計算，論理的思考など），②社会的領域（対人関係，セルフコントロールなど），③実用的領域（金銭管理，スケジュール管理など）の3つの領域において適応機能に制約が見られることで特徴づけられます。また知的障害は，後述する自閉スペクトラム症（ASD）などの発達障害を併発しているケースも多く見られます。

知的障害の原因は多様ですが，大きく分けて3つに分類されます。

①病理的要因：ダウン症候群のような遺伝子異常，フェニールケトン尿症のように代謝異常など，脳の先天的疾患によるもの。早期分娩や低酸素脳症などの周産期の事故によるもの。頭部損傷，感染症など後天的疾患によるもの。

②生理的要因：先天的な脳機能の発達の遅れによるもの。

③心理的要因：虐待など劣悪な環境状況によるもの。

(2) 自閉スペクトラム症（ASD）

自閉スペクトラム症（ASD）は，自閉症，アスペルガー症候群，広汎性発達障害などが統合されてできた診断名です。原因はまだ明らかにされていませんが，先天的な脳の器質的な障害とされています。親のしつけや出生後の何らかの体験により発症するというものではありません。

DSM-5-TR

アメリカ精神医学会の定めた「精神疾患の分類と診断のマニュアル」。DSM-5-TRと並び，代表的な診断基準の一つに，世界保健機関（WHO）により出されているICD-11がある。

　自閉スペクトラム症は，主に，①対人関係やコミュニケーションの構築の難しさ，②特定のものに対するこだわりの強さという特性を持っています。具体的な特徴は以下の通りです。

　　① 対人関係やコミュニケーションの構築の難しさ

　　　・視線が合わない

　　　・一人遊びが多い

　　　・表情が乏しい

　　　・言葉が遅れる

　　　・人の言葉をオウム返しする

　　　・相手の立場に立って考えることが苦手

　　　・空気を読むことが苦手

　　　・冗談が通じない

　　　・暗黙のルールが理解できない

　　　・相手に感情や気持ちを伝えることが苦手

　　　・曖昧な表現を理解できない

　　② 特定のものに対するこだわりの強さ

　　　・食べものの好き嫌いが強い

　　　・一つのことに没頭すると周りが見えなくなる

　　　・予定やルールが変わると混乱する

　　　・時間や手順に強いこだわりがあり変えることができない

　　　・飽きることなくずっと同じ行動を続けられる

　これらの特性の他に，音やにおいなどの刺激に敏感で，ちょっとした音に動揺しパニックに陥るような症状が出る子どももいます。

　自閉スペクトラム症の子どもたちは，「ちょっと待って」「そこに置いて」といった曖昧な表現を使うと混乱します。「時計の針がこの位置になるまで待って」とおもちゃの時計を示したり，「先生の机の上に置いて」と具体的な場所を示したりすることを心がけましょう。また彼らは時間の概念を理解することが苦手です。そして言葉よりもイラストなどの視覚情報の方が理解しやすいという特徴があります。そのため，子どものやるべき手順を一つずつイラストを使って確認できるようにするなどの工夫をすると，不安を感じることなく過ごすことができます。光や音などの感覚過敏の子どもたちに対しては，カーテンを閉めたり静かなスペースを準備するなど，気が散らない環境を用意しましょう。さらに自閉スペクトラム症の子どもたちは，人の気持ちを汲んだり空気を読んで行動することが苦手なため，対人関係のトラブルを起こしやすく，いじめを受けるなど二次的な問題を引き起こすことがあります。友人関係を円滑にできるように，ソーシャルスキルトレーニングを取り入れていくことも有効です。

ソーシャルスキルトレーニング
　対人関係で困難を抱えている子どもに対して，対人関係を円滑にするためのトレーニング。ロールプレイなどを用い，相手の気持ちを想像したり感情をコントロールしたりする練習を行う。

(3) 注意欠如多動症（ADHD）

注意欠如多動症（ADHD）は，不注意（注意力が散漫），多動性（落ち着きがない），衝動性（思いつき行動が多い）といった症状で特徴づけられます。原因はまだ明らかにされていませんが，先天的な脳の器質的な障害とされています。症状は，現れ方によって，①不注意優勢型，②多動・衝動性優勢型，③混合型に分類されます。

①不注意優勢型

　・忘れ物やなくし物が多い

　・最後までやり遂げることが困難

　・興味のあることには集中しすぎてしまう

　・不注意な間違いが多い

　・外からの刺激を受けると気が散ってしまう

　・話しかけられても聞いていないように見える

②多動・衝動性優勢型

　・席にじっと座っていられない

　・常に手足を動かしたり身体を動かしたりしている

　・順番を待てない

　・人の邪魔をしたり割り込んだりする

　・しゃべりすぎる

③混合型

　不注意と多動性・衝動性の両特徴を持っている。

ADHD の子どもは，たいていの場合知的水準が高く言葉の発達に遅れを伴わない場合が多く，わがままな子どもと誤解されやすいです。また，感情のコントロールができず衝動的に他人に手を出してしまったり，床に寝ころんで泣き叫んだりと，周囲の大人を困らせる行動をとってしまうため，叱られる経験ばかりを繰り返してしまいます。そのため，自己否定的な感情を持っている子どもが多いです。そのため，叱ることをせず，できることに目を向け「できた」という経験を増やすことで自信をつけられるような対応が必要です。多動性の強い子どもには，じっとしていることを強要するのではなく，保育の時間中に「物を取ってきて」など保育者の手伝いをお願いするなど，身体を動かすことのできる役割を与えるような工夫をすると良いでしょう。

知的水準の高い ADHD の子どもは，親や先生の言うことは理解できています。「教室で静かに絵を描かなければならない」「他の子どもをたたいてはいけない」など，やってはいけないことも理解できています。しかし，それをコントロールすることができません。早期の診断により，オペラント条件づけなどの学習を繰り返すことにより，感情をコントロールすることを学習することもできます。

また，知的水準は高くても，授業や勉強に集中することが困難なため，

オペラント条件づけ
報酬や罰を与えたり取り除いたりすることで，行動の自発頻度を操作する学習（第 2 章 p.20 も参照）。

どうしても学業成績が低くなってしまいます。さらに周囲に対して衝動的行動をとってしまうため，対人関係に問題を生じることもよくあります。このようなことから，いじめなどの副次的な問題を生じることもよくあります。

（4）学習障害（限局性学習症，LD）

　学習障害は，知的水準は低くないが，聞く，話す，読む，書く，計算する，または推論する能力のうち特定のものの習得と使用に著しい困難を示す様々な状態を示す発達障害です。学習障害は，その原因として，中枢神経系になんらかの機能障害があると推定されるが，視覚障害，知的障害，情緒障害などの障害や，環境的な要因が直接の原因となるものではありません。

　学習障害には主に，①読字障害（ディスレクシア），②書字障害（ディスグラフィア），③算数障害（ディスカリキュリア）の3つのタイプがあります。それぞれのタイプの特徴は次の通りです。

　①読字障害（ディスレクシア）
　　・音読に極端に時間がかかる
　　・読んでいる文字や内容を理解することが困難
　　・音読がたどたどしい
　②書字障害（ディスグラフィア）
　　・うまく字が書けない
　　・字を写すのに時間がかかる
　　・思ったことをうまく表現できない
　③算数障害（ディスカリキュリア）
　　・数の理解が困難
　　・計算ができない

　読む，書く，計算する，または推論する能力に関する困難さは，就学後にならないと明らかにされにくいため，幼児期では主に聞くこと，話すことに関する困難さによって，診断されることがほとんどです。

　幼児期の学習障害の特徴としては，聞き間違いをよくする，こちらの言うことを理解できない，何度も聞き返すなどの行動が見られます。このような行動が頻繁に見られる場合は，学習障害の疑いが考えられます。

　聞く，話すことに関する学習障害の場合は，絵など視覚的な材料を用いてコミュニケーションをはかることができます。しかし，子ども同士の遊びはことばに依存することが多いことから，子ども同士の関係がうまく築けないということもあります。そのようなことから，子どもの社会性の発達が遅れてしまうという二次的な障害が生じることもあります。

3. 対応への留意点

　ここでは，子どもへのかかわり，保育者としての姿勢，親とのかかわりについて述べていきます。しかし，子どもも保育者も親も，それぞれ生育環境も異なり，個々の個性をもった一人の人間です。ひとりひとり異なった個性をもつ人間関係において，当然万人に適した対処方法などはなく，正しい方法があるわけではありません。そのため，この節は対応策をいくつか挙げていきますが，どの子どもや親にも適用できるとは限りません。また，障害のある子どもへの対応にとどめず，一般的に対応の困難な子どもへのかかわりについて述べていきます。

(1) 子どもへのかかわりで留意すること

　どんな子どもに対しても，まず子どもとじっくりかかわり，観察し，子どもの性格や好み，家庭環境などを知ることが大切です。ひとりひとりの子どもを知ることにより，子どもが起こした行動について，なぜそのような行動をとったのかを推測できるからです。そして，子どものとった行動の理由が推測できれば，その子どもに対してどのように対処すればよいのか，見通しが立てられます。

　しかし，大人のものさしで子どもを理解しようとするとうまくいかないことがあります。そのため，まず子どもの発達を十分に理解し，次のようなことに留意して子どもと接していくことが必要です。

　1) 子どもは大人と表現方法が異なっている場合がある　　子どもは大人に比べて語彙も少なく，うまく自分の考えていることを伝えられないことがあります。特にことばの発達の遅れている子どもは，自分の思いをことばで伝えることができません。そのために，子どもが伝えたい何かを，大人とは異なる表現方法で伝えようとしていることが考えられます。

　2) 子どもは大人に比べて少ない経験の中で判断しようとしている　子どもとかかわっていると，「なぜ自分の言っていることをわかってくれないのだろう」と感じることがあるかもしれません。それはもしかしたら，大人にはわかっているから子どももわかっていると思い，子どもがわかっていないことに気づかずに，子どもが理解できるような方法で伝えていないことが考えられます。大人は人生の中でいろいろなことを学び，経験してきています。そのため，少しの情報で理解したり判断したりすることができます。しかし子どもはまだまだ知識も浅く，いろいろな経験も積んできていません。そのため，私たちよりもずっと少ない情報でものごとを理解していこうとしています。私たちが考える以上にていねいに詳しくものごとを説明していく必要があるのです。

3) 子どもは推測で状況を把握することは困難である　先に述べたように，私たち大人はこれまでにいろいろな経験をしてきて，自分たちで理解し判断して行動しています。ですから，自分がなぜここにいるのか，今何をすべきかなど，わかっています。しかし感覚運動期から前操作期の段階である子どもは，自分たちで理解し判断しながら行動することがまだできません。そのため，今自分が置かれている状況ややるべきことは，周りの大人たちが伝えないとわからないのです。そして，状況がわからないと不安も高まります。保育者は子どもにしっかりとわかるように，子どもの状況ややるべきことを細かく伝えていかなければなりません。

（2）保育者としての姿勢

1) 予測できる危険はあらかじめ排除しておく　衝動的行動の目立つ子どもがいるクラスでは，その子どもの行動により，他児に怪我をさせてしまったり，その子ども自身が怪我をしてしまったりする危険性があります。そのため，その子の行動を常に注意し，神経を使わなくてはなりません。そして，その子が衝動的行動をとるたびに，保育が途切れてしまうこともあります。

　そのような場合，刃物など怪我のもとになるものは手の届かないところに置く，部屋からすぐに出て行ってしまわないよう鍵をかけるなど工夫をする，頭をぶつけると危険なものにクッションをあてるなど，危険が予測できるものに対してはあらかじめ防御しておくとよいでしょう。そうすることによって，余裕をもって子どもの行動を見ることができるからです。

2) 長期を見通した保育目標を立てる　保育者は計画的に保育を行うことが大切です。ひとりひとりの子どもに対して「ここまでできるようになってもらいたい」という目標を立てます。そしてその目標に適した保育計画を立てていきます。3ヶ月から半年くらいの長い見通しを立てて保育目標を立てるとよいでしょう。

　そのためにはまず，子どもの発達に個人差があることを把握しておくことが必要です。そして，発達の遅れている子どもや，障害のある子どもでも，必ず"成長"していることを常に念頭に置いておくことが大切です。毎日子どもとかかわっていると，その子どもの対応に振り回されてしまい子どもの成長が見えなくなってしまうことがあります。3ヶ月，半年経ったときに振り返ると，「こんなに成長していた」などと感じることもあります。ですから，子どもの成長を焦らず，長期を見通した保育目標を立てることが必要です。そうすることで，子ども，保育者ともにモチベーションを維持することができ，親も子どもの成長を喜ぶことができるようになります。

3)　一貫した保育を行う　　一度立てた目標を，途中で簡単に変えないようにしましょう。子どもを混乱させてしまう原因になってしまいます。それは，一人の保育者の対応のしかたのみでなく，施設全体としてどの職員も一貫した対応をしていかなければなりません。そのためには，施設全体で子どもの特徴を理解し，活発に情報交換を行い，一丸となった対応をしていくことが必要です。クラス担任のみがその子どもの対応をしていくのではなく，施設の職員が全員で子どもの対応をしていくという意識が必要です。

4)　偏見で子どもを見ない　　理解の遅い子，問題行動の多い子に対して，ステレオタイプ的判断や，光背効果，寛大効果などにより，子どもへの理解を歪めないようにしなくてはいけません。ひとりひとりの子どもをしっかりと観察し，子どもの個性の理解に努めることが必要です。

　また，すぐに障害を疑わないことも大切です。保育者の独断で障害と決めつけてしまうことは大変危険です。障害だという判断によって，本来の子どもの特徴を見落としてしまうことがあるからです。保育者はどのような子どもに対しても，「発達を援助する」ことが役割です。障害があるなしにかかわらず，一人の子どもの個性として子どもをとらえていくことが，保育者としては必要なことです。

5)　親とのコミュニケーションをしっかりとる　　家庭での子どもの様子を聞くことで，子どもの行動が推測できることがあります。また，親が子どもの園での生活を知ることで，「先生は子どものことを見てくれている」と信頼関係を築くことができます。家庭と保育者とで連携をとることが子どもの成長を促す近道となります。

(2)　親への対応で留意すること

1)　育児不安を抱える親への対応　　インテージリサーチ（2021）によれば，76.4％の女性，61.8％の男性が子育てをしていて負担・不安に思うことがあると回答しています。また内閣府（2021）によれば子育てについての相談相手として，20.2％の親が保育所や保育施設などを選んでいます。

　近年では，核家族やひとり親世帯の増加に伴い，育児を家族がサポートする機会が減少し，子どもと親が一対一で向き合う時間が増加してきています。また，柏木（2003）は，電化製品等の普及に伴う家事の省力化によって，女性の主婦役割が縮小し，女性としての生きがいや充足感が低下してきており，そのために母親の育児不安が高まってきたことを指摘しています。このように，親の育児不安は，近年増加してきていることが考えられます。

　厚生労働白書（2015）によれば，親の育児不安の内容は，「子どもが言うことを聞かない」「子どもの成長の度合いが気になる」といった子

どもの発達や性格に関すること以上に「自分の自由な時間が持てない」「気持ちに余裕を持って子どもに接することができない」など,育児に関わる自分自身の問題を挙げる割合が多く見られます。

このような問題を抱える親は,自分自身を肯定的に評価できずにいる場合が多いです。そのためには,保育者として育児に関する助言をする以前に,じっくりと親の話に耳を傾けることが大切です。そして,不安に感じているという状況や親として努力していることを受容することが必要です。

また親になると,"○○ちゃんのお母さん"とか"△△さんの奥さん"といったように,役割によってよばれることが多く,一人の人間として見てもらうという経験が少ないことが,生活の充足感の低下の原因の一つと考えられます。そのため,親としてまたは妻として接する以前に,親を一人の人間として接することが必要になってきます。たとえば,声をかける際に,"…のお母さん"などというよびかけではなく,単に"○○さん"などその人の名前をよぶといった,よび方を工夫することも一つの方法です。

2) 配慮を要する子どもをもつ親への対応 配慮を要する子どもをもつ親は,多くの場合子どもの問題行動を頻繁に指摘されています。また,その原因として親の育て方を指摘される場合も多くあります。

このような親は,子どもの否定的な情報を保育者からもたらされることから,保育者に対して否定的な感情をもち,保育者と親との関係が崩れてしまうこともあります。保育者として,親にとっては決してよい内容ではないことを伝えなければならないこともあります。しかし,伝える時期や方法を誤ると,今後の親との関係を壊してしまい,親が保育者のことばに耳を傾けなくなってしまうこともあります。まずは保育者との信頼関係を築くことが必要です。そのためには,親の話に最後まで耳を傾け,受容し,理解することが大切です。その結果,親に対して適した助言の方法なども見出すことができます。

また,親が自分の子どもに対して否定的感情をもってしまうことがあります。"この子さえいなければ"などという感情をもってしまうこともあり,それが虐待につながることもあります。したがって保育者は,子どもの否定的な情報ばかりでなく,たとえ些細なことでも成長していることを伝えていかなければなりません。

さらに,子どもの問題行動を指摘されることにより,"親の育て方が悪い"と感じ,親として自信を喪失している場合がよくあります。そのような親に対しては,親としてがんばっていることを受容し,保育者もその子の成長の援助にかかわっているということを伝え,子どもの成長をともに喜ぶなど,育児を一人で抱え込んでしまわないように配慮することが必要です。

3) 障害の疑いのある子どもの親への対応　　発達障害の子どもは，早期発見によりできるだけ早くからの適切な対応が望まれます。そのため，障害が疑われる子どもの親には，できるだけ早く医師の診断を受けるよう勧めていくことが必要です。しかし，どの親も自分の子どもが障害をもっているということを受け入れることは，精神的に非常に苦痛を伴います。そのため，保育者の勧めに耳を貸さないケースも多く見られます。

　そのような親には，まず他の子どもと自分の子どもとの成長の違いをしっかりと理解してもらうことが必要です。特に長子の場合，他の兄弟との比較ができないため，親は自分の子どもの成長が遅いことに気づかないケースがよくあります。また，たとえ他の子どもよりも成長が遅くても，必ずどの子どもでも成長していくということを理解してもらうことも必要です。子どもの成長によって，親としての喜びや希望を見出すことができるからです。さらに，たとえどのような診断を下されようと，保育者は子どもも親も見捨てることはない，ということを伝えることも必要です。

　また，早期診断を下された場合，親は自責の念にとらわれていることがあります。「自分がこのような子に産んでしまって，申し訳ない」という思いを強くもち，自分を責めてしまっている親はたくさんいます。障害は多くの場合先天的なものであるため，親の育て方によるものではありません。しかし，周囲の障害に対する理解不足のために，育て方を責められることも多くあります。保育者は常に親の理解者となり，ともに子どもの成長を喜ぶことができるよう努めることが大切です。

引用文献

American Psychiatric Association　（2022）　*Diagnostic and statistical manual of mental disorders*, 5th ed., text revision. Washington, DC: American Psychiatric Association.（髙橋三郎・大野　裕監訳　2023 年　『DSM-5-TR 精神疾患の診断・統計マニュアル』　医学書院）

インテージリサーチ　2021 年　令和 2 年度「家庭教育の総合的推進に関する調査研究―家庭教育支援の充実に向けた保護者の意識に関する実態調査―」報告書

柏木惠子　2003 年　『家族心理学―社会変動・発達・ジェンダーの視点―』　東京大学出版会

こども家庭庁　2023 年　令和 4 年度児童相談所における児童虐待相談対応件数（速報値）

厚生労働省　2015 年　平成 27 年版厚生労働白書―人口減少社会を考える―

内閣府　2021 年　令和 2 年度少子化社会に関する国際意識調査

Symonds, P. M.　1939　*The psychology of parent-child relationship*. New York: Appleton-Century-Croft.

人名索引

事 項 索 引

著者紹介

髙村和代（たかむら　かずよ）
岐阜聖徳学園大学教育学部教授
担当：1章・5章・8章

安藤史高（あんどう　ふみたか）
岐阜聖徳学園大学教育学部教授
担当：2章・3章・6章（共著）

小平英志（こだいら　ひでし）
日本福祉大学教育・心理学部教授
担当：4章・6章（共著）・7章

保育のためのやさしい教育心理学 ［第 2 版］

2009 年 3 月 30 日　初　版第 1 刷発行　　定価はカヴァーに
2024 年 3 月 30 日　第 2 版第 1 刷発行　　表示してあります。

　　　　著　者　　髙村和代
　　　　　　　　　安藤史高
　　　　　　　　　小平英志
　　　　発行者　　中西　良
　　　　発行所　　株式会社ナカニシヤ出版
　　〒 606-8161 京都市左京区一乗寺木ノ本町 15 番地
　　　　　　　　　Telephone 075-723-0111
　　　　　　　　　Facsimile 075-723-0095
　　　　　　　　　Website http://www.nakanishiya.co.jp/
　　　　　　　　　E-mail iihon-ippai@nakanishiya.co.jp
　　　　　　　　　郵便振替 01030-0-13128

装幀＝白沢　正／印刷・製本＝ファインワークス
Printed in Japan
Copyright © 2009, 2024 by K. Takamura, F. Ando, & H.
Kodaira
ISBN978-4-7795-1797-6